(F) code international

S : superficie ; km^2 : kilomètre carré — ♦ capi

P : population ; h. : habitants — ○ mon

COSTA RICA (CR)
S 50 700 km^2
P 2 500 000 h.
♦ San José
○ Colón

CÔTE-D'IVOIRE (CI)
S 322 463 km^2
P 9 200 000 h.
♦ Yamoussoukro
○ Franc C.F.A.

CUBA (C)
S 114 524 km^2
P 9 900 000 h.
♦ La Havane
○ Peso cubain

DANEMARK (DK)
S 43 069 km^2
P 5 120 000 h.
♦ Copenhague
○ Krone

DJIBOUTI (RDD)
S 22 000 km^2
P 320 000 h.
♦ Djibouti
○ Franc de Djibouti

DOMINICAINE (Rép.) (DOM)
S 48 734 km^2
P 6 300 000 h.
♦ Santo Domingo
○ Peso

ÉGYPTE (ET)
S 1 001 449 km^2
P 47 000 000 h.
♦ Le Caire
○ Livre égyptienne

ÉMIRATS ARABES (UAE)
S 90 000 km^2
P 1 200 000 h.
♦ Abu Dhabi
○ Dirham

ÉQUATEUR (EC)
S 283 561 km^2
P 9 100 000 h.
♦ Quito
○ Sucre

ESPAGNE (E)
S 504 750 km^2
P 38 400 000 h.
♦ Madrid
○ Peseta

ÉTATS-UNIS (USA)
S 9 363 123 km^2
P 236 300 000 h.
♦ Washington
○ Dollar

ÉTHIOPIE ( )
S 1 221 900 km^2
P 32 000 000 h.
♦ Addis-Abeba
○ Birr

FIDJI (FJI)
S 18 274 km^2
P 700 000 h.
♦ Suva
○ Dollar fidjien

FINLANDE (SF)
S 337 009 km^2
P 4 900 000 h.
♦ Helsinki
○ Markka

FRANCE (F)
S 549 129 km^2
P 55 000 000 h.
♦ Paris
○ Franc

GABON (G)
S 267 667 km^2
P 1 000 000 h.
♦ Libreville
○ Franc C.F.A.

GAMBIE (WAG)
S 11 295 km^2
P 700 000 h.
♦ Banjul
○ Dalasi

GHANA (GH)
S 238 537 km^2
P 14 300 000 h.
♦ Accra
○ Nouveau Cedi

GRÈCE (GR)
S 131 944 km^2
P 10 000 000 h.
♦ Athènes
○ Drachme

GUADELOUPE (F)
S 1 779 km^2
P 330 000 h.
♦ Basse-Terre
○ Franc

GUATEMALA (GCA)
S 108 889 km^2
P 8 000 000 h.
♦ Guatemala
○ Quetzale

GUINÉE (RG)
S 245 857 km^2
P 5 600 000 h.
♦ Conakry
○ Syli

GUINÉE-BISSAU ( )
S 36 125 km^2
P 800 000 h.
♦ Bissau
○ Peso

GUINÉE ÉQUATORIALE ( )
S 28 050 km^2
P 360 000 h.
♦ Malabo
○ Bipkwele

GUYANA (GUY)
S 214 970 km^2
P 800 000 h.
♦ Georgetown
○ Dollar guyanais

GUYANE (F)
S 91 000 km^2
P 70 000 h.
♦ Cayenne
○ Franc

HAÏTI (RH)
S 27 750 km^2
P 5 500 000 h.
♦ Port-au-Prince
○ Gourde

HAUTE-VOLTA (BURKINA-FASO) ( )
S 274 200 km^2
P 6 730 000 h.
♦ Ouagadougou
○ Franc C.F.A.

HONDURAS ( )
S 112 088 km^2
P 4 200 000 h.
♦ Tegucigalpa
○ Lempira

HONG-KONG (HK)
S 1 045 km^2
P 5 400 000 h.
♦ Victoria
○ Dollar de Hong K.

HONGRIE (H)
S 93 030 km^2
P 10 700 000 h.
♦ Budapest
○ Forint

INDE (IND)
S 3 287 590 km^2
P 750 000 000 h.
♦ New Delhi
○ Roupie indienne

INDONÉSIE (RI)
S 1 904 345 km^2
P 161 600 000 h.
♦ Djakarta
○ Rupiah

IRAK (IRQ)
S 434 924 km^2
P 15 000 000 h.
♦ Bagdad
○ Dinar irakien

IRAN (IR)
S 1 648 000 km^2
P 43 800 000 h.
♦ Téhéran
○ Rial

IRLANDE (EIRE) (IRL)
S 70 283 km^2
P 3 600 000 h.
♦ Dublin
○ Livre irlandaise

ISLANDE (IS)
S 103 000 km^2
P 230 000 h.
♦ Reykjavik
○ Krona

ISRAËL (IL)
S 20 770 km^2
P 4 200 000 h.
♦ Jérusalem
○ Shekel

ITALIE (I)
S 301 225 km^2
P 57 000 000 h.
♦ Rome
○ Lire

JAMAÏQUE (JA)
S 10 991 km^2
P 2 400 000 h.
♦ Kingston
○ Dollar jamaïcain

JAPON (J)
S 372 313 km^2
P 119 900 000 h.
♦ Tokyo
○ Yen

JORDANIE (HKJ)
S 97 740 km^2
P 3 500 000 h.
♦ Amman
○ Dinar jordanien

TABLE DES MATIÈRES

Pages

Maquette : Serge Kristy
Illustrations : Gérard Allaguillemette, Paul Woolfenden
Cartographie : Hachette Classiques, Studio Bérad

79, boulevard Saint-Germain
F 75006 Paris

ISBN 2.01.010371.8

ATLAS juniors

Bernard JENNER

HACHETTE

LA GALAXIE

En regardant le ciel, la nuit, on peut voir briller des milliers d'étoiles. Ces **étoiles** sont des **soleils**, séparés par de fantastiques distances : la fusée la plus rapide voyagerait pendant plus de cent mille ans pour aller d'un soleil à un autre !
Tous ces soleils appartiennent à un gigantesque ensemble que l'on nomme **une galaxie** : cent milliards de soleils, et des planètes, des comètes, des nuages de poussières ou de gaz, des soleils éteints...
Et il y a, dans **l'univers**, des centaines de millions de galaxies comparables à la nôtre !

Le Soleil et ses planètes

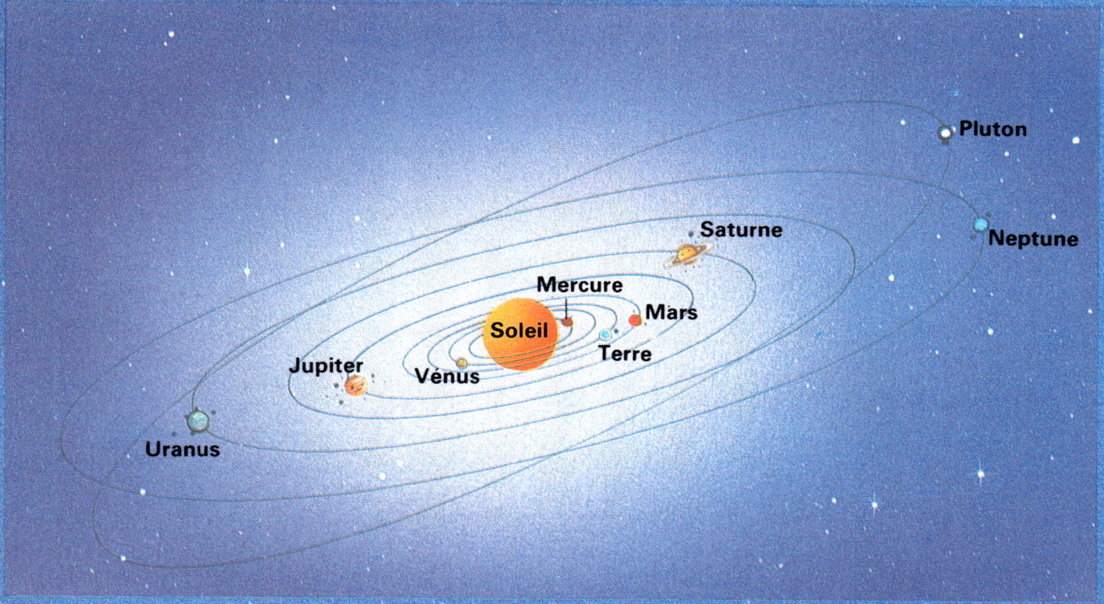

Situé au bord de notre galaxie, le Soleil est une énorme boule de matière en fusion qui nous envoie chaleur et lumière. **Neuf planètes gravitent** (c'est-à-dire tournent) **autour du Soleil**. Certaines de ces planètes possèdent des satellites ; ces **satellites** sont des planètes plus petites qui gravitent autour de leur planète-mère.

La Terre

La troisième planète, en partant du Soleil, se nomme **Terre**. Elle possède un satellite : **la Lune**.

Comme elle est belle notre planète bleue !

Tout autour de la Terre

En volant autour du ballon, la mouche peut en voir différentes images.

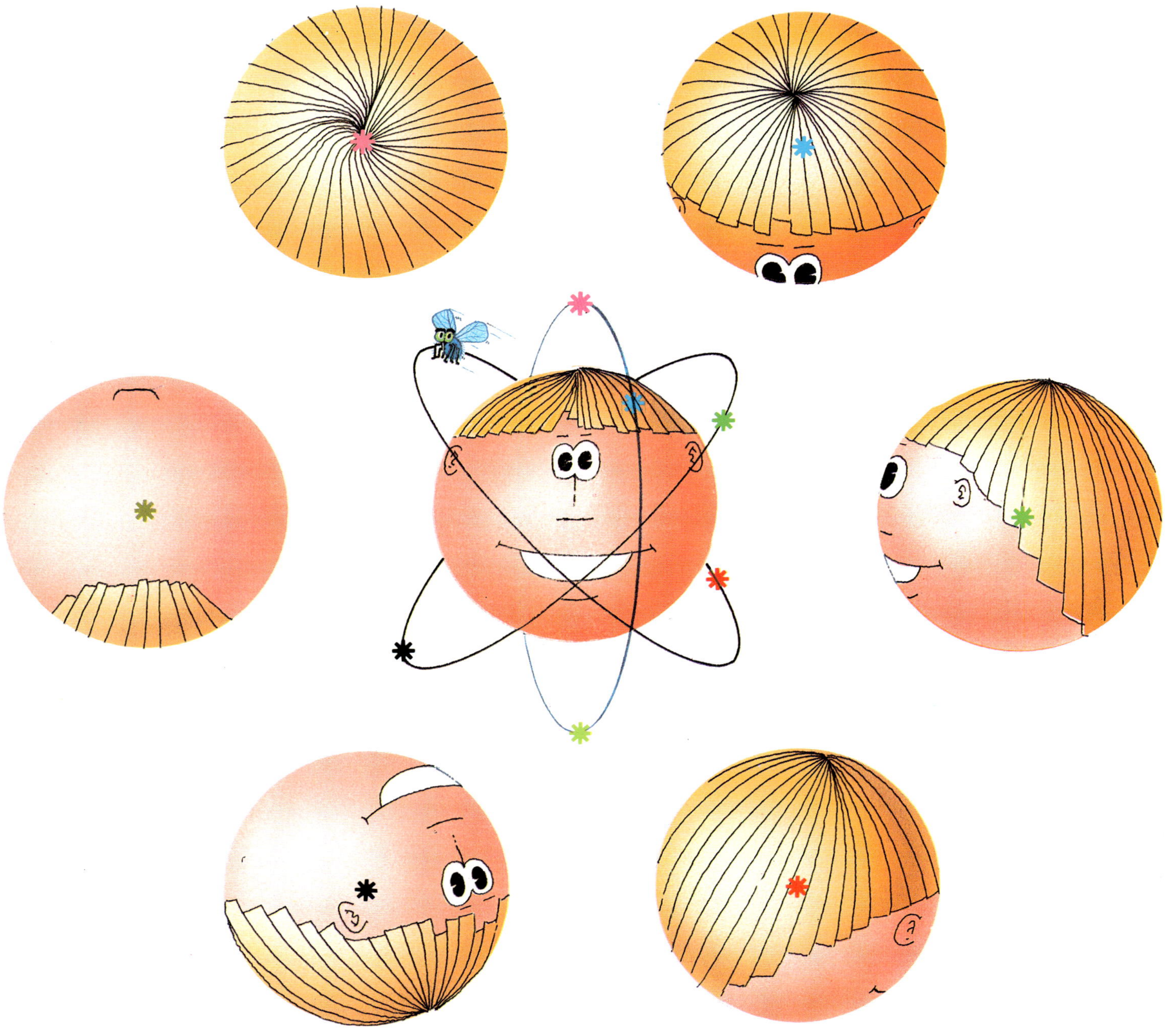

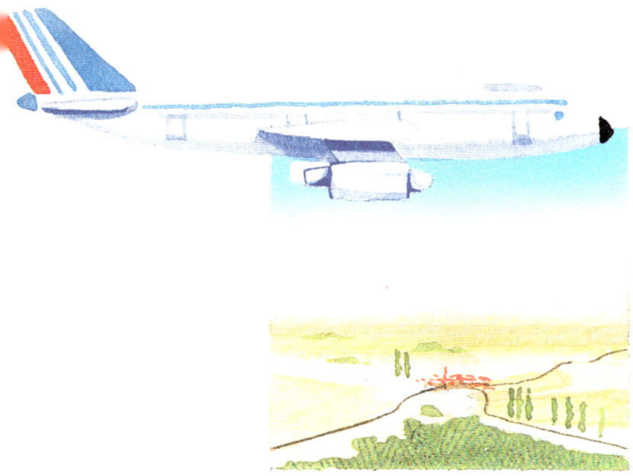

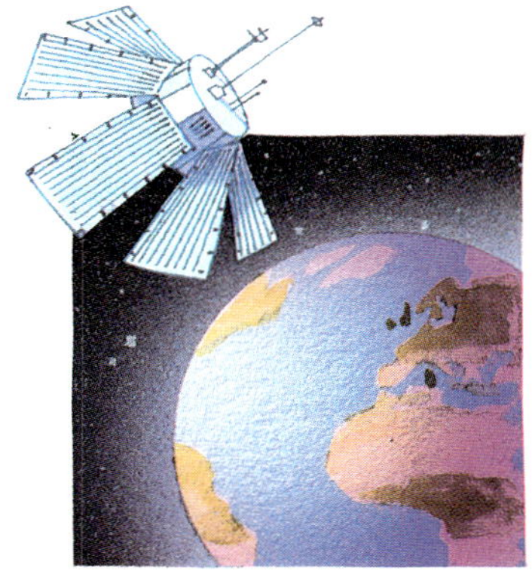

Un satellite artificiel tournant autour de la Terre peut en transmettre toutes sortes de photographies. Notre planète présente bien des visages différents !

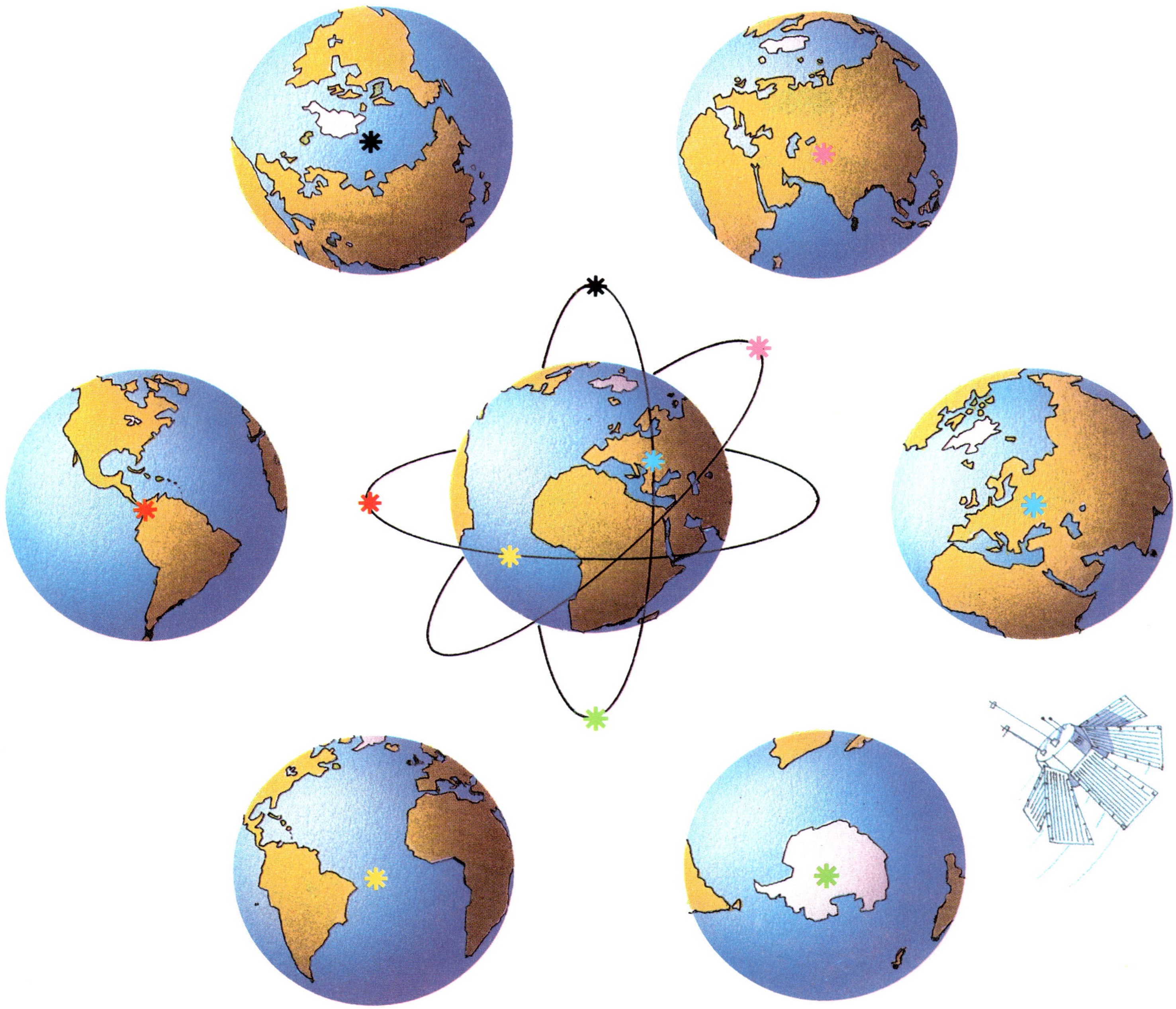

De la Terre à la carte

La Terre a presque la forme d'une sphère. Un globe terrestre permet de la représenter fidèlement. On peut aussi dessiner la Terre sur une feuille de papier : on obtient une carte géographique. Malheureusement, en dessinant une sphère sur une feuille plate, on la déforme toujours. Comment s'y prendre ? Tout dépend de la partie de la Terre à représenter ou des différentes utilisations de la carte.

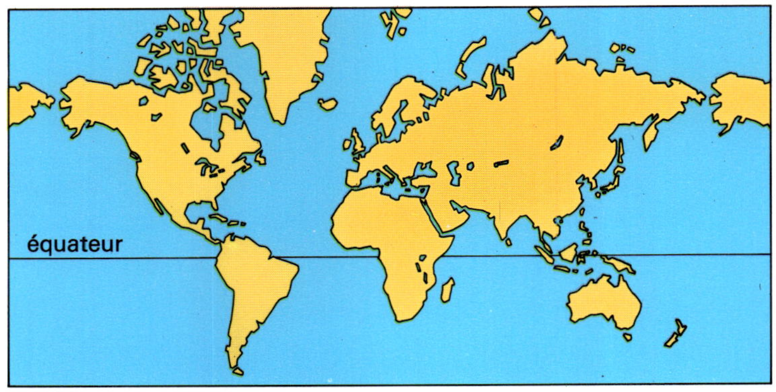

En 1569, **Mercator** invente une façon de représenter la Terre qui respecte les **formes** et permet aux marins de naviguer sans se perdre.

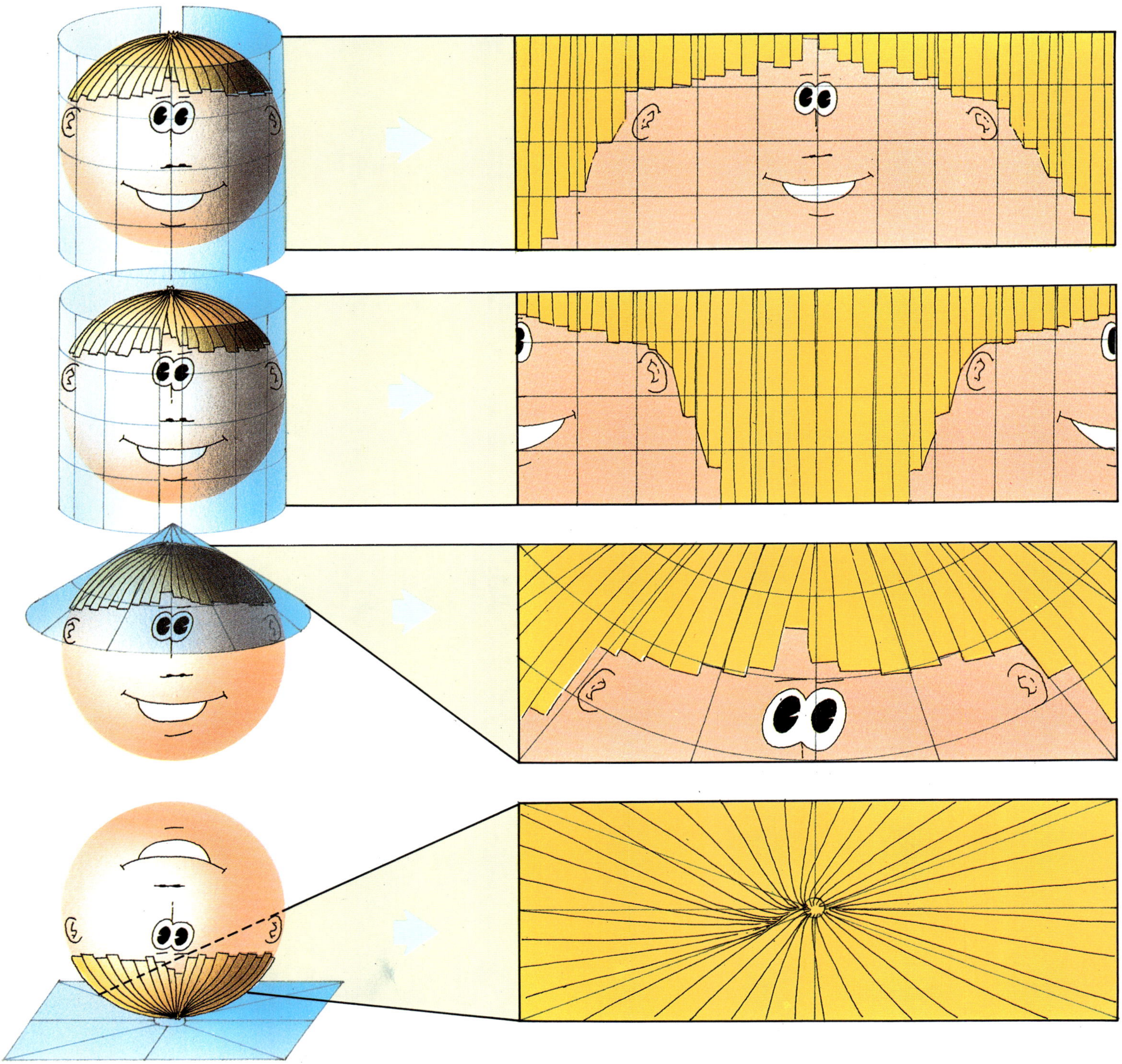

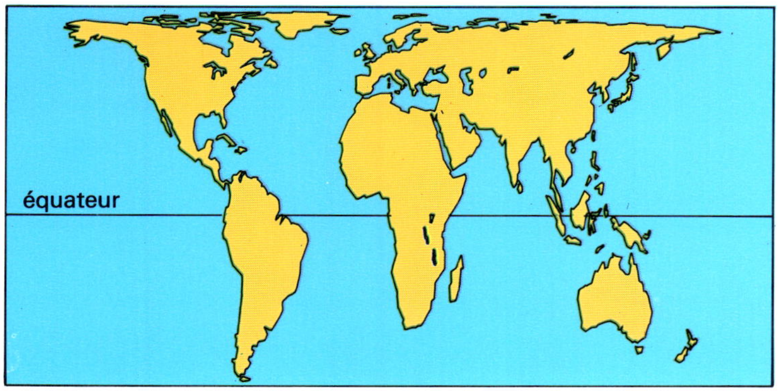

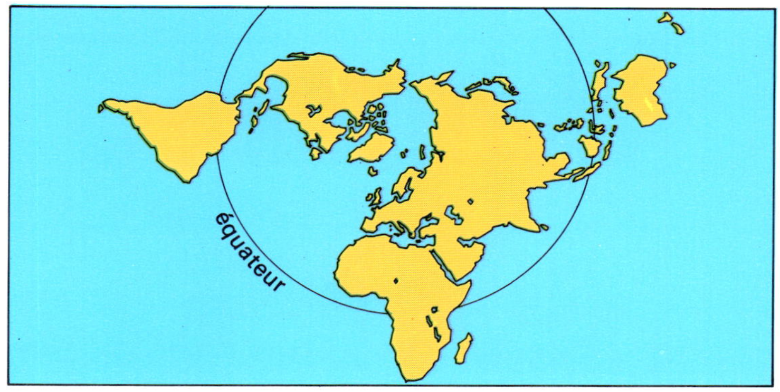

En 1974, **Peters** imagine une autre manière de représenter la Terre. Elle donne une idée juste de la **surface** des continents.

Et aujourd'hui, encore une **nouvelle image** de notre monde.

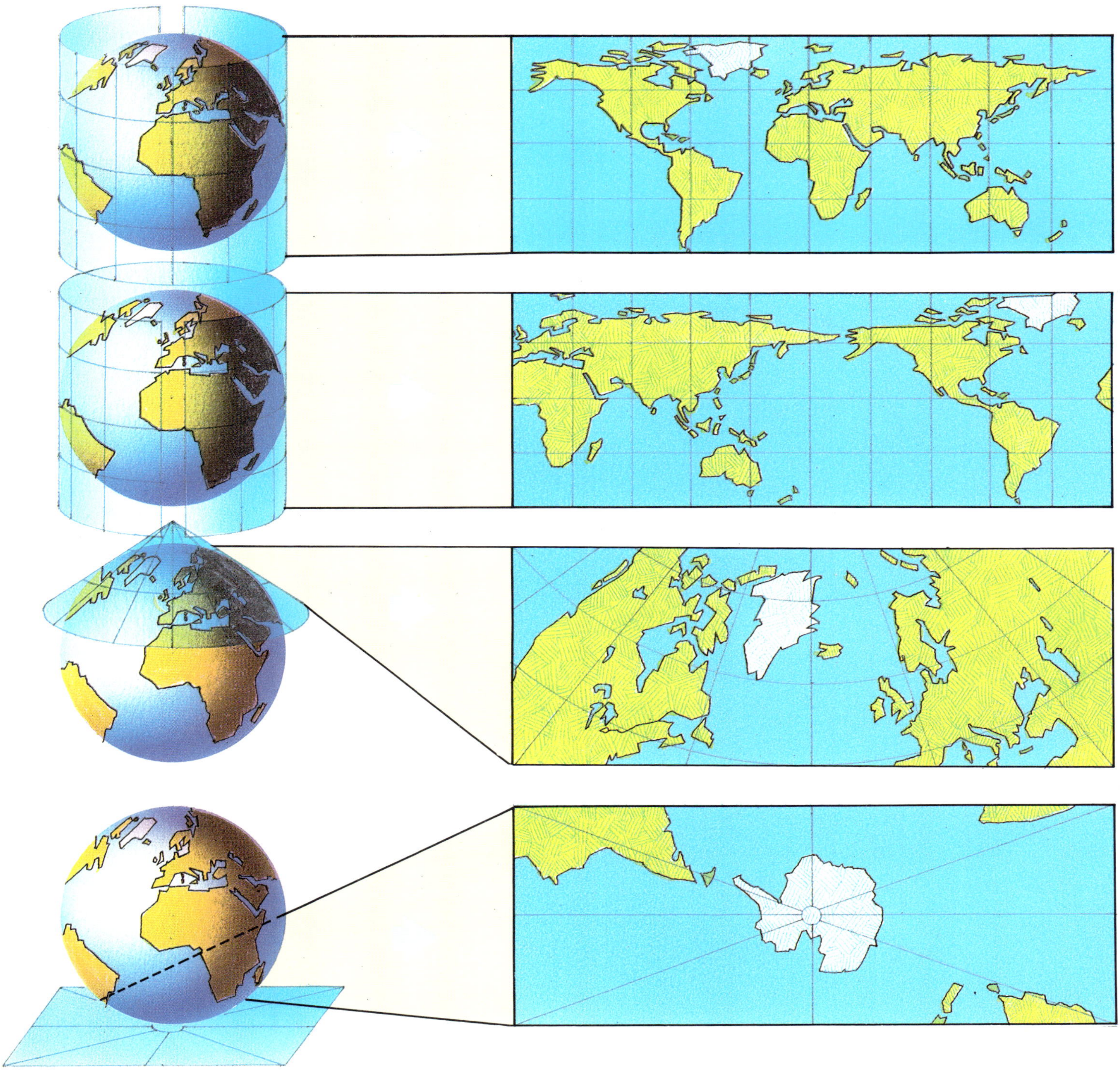

S'orienter :

. la boussole

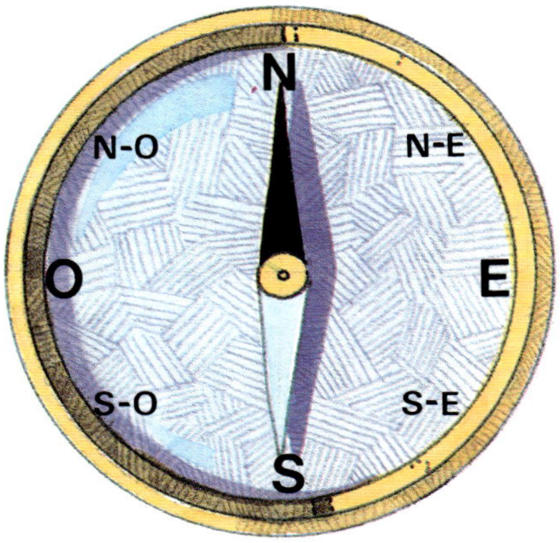

Une aiguille aimantée qui pivote sur un axe et qui, d'elle-même, indique toujours une **direction très voisine du pôle Nord**, quel que soit l'endroit de la Terre où l'on se trouve. Indispensable pour diriger un avion ou un bateau !

. le soleil

Situation au nord de l'équateur

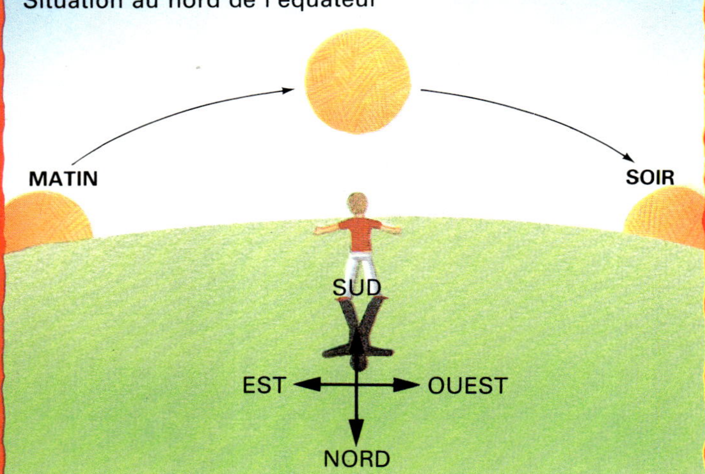

On peut aussi s'orienter en regardant la course du soleil dans le ciel. Le soleil levant indique, **le matin**, la direction de **l'est**. Quand le soleil est au plus haut dans le ciel, en **milieu de journée**, il indique la direction du **sud**. Et **le soir**, le soleil se couche en direction de **l'ouest**. Quant au **nord**, c'est la direction où le soleil n'apparaît jamais.

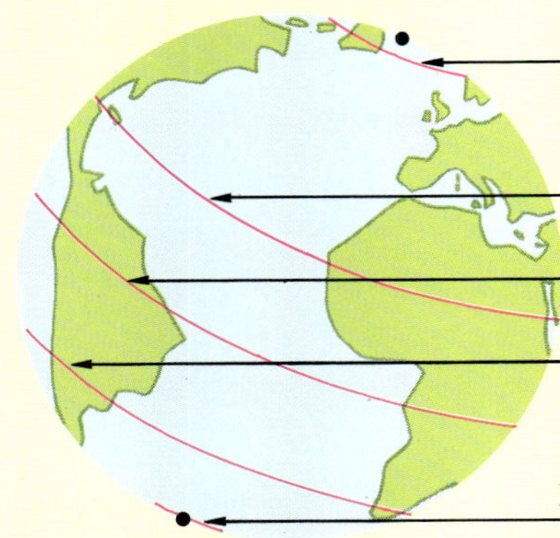

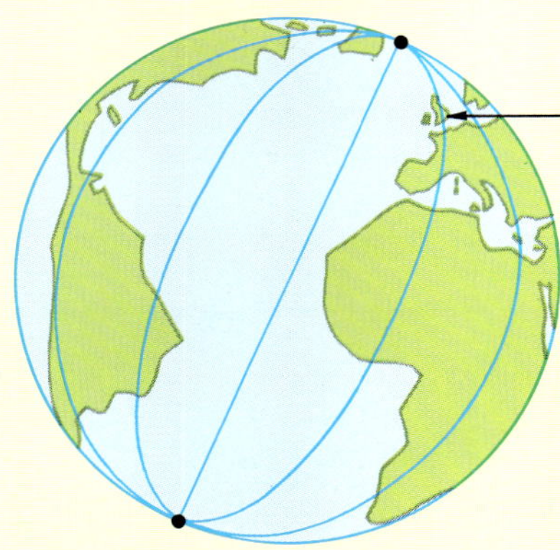

C'est à partir de ce méridien que l'on numérote tous les autres.

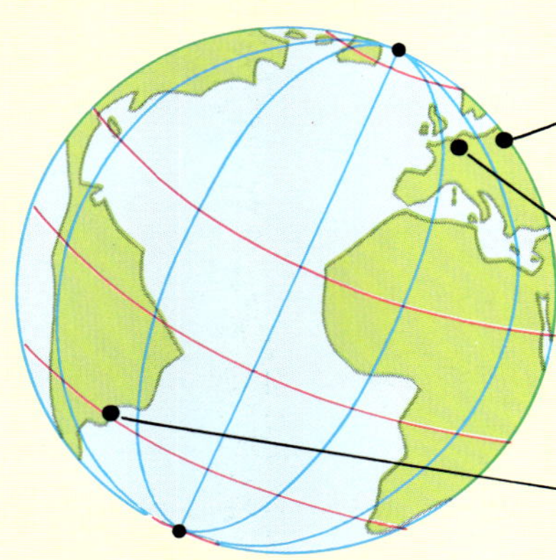

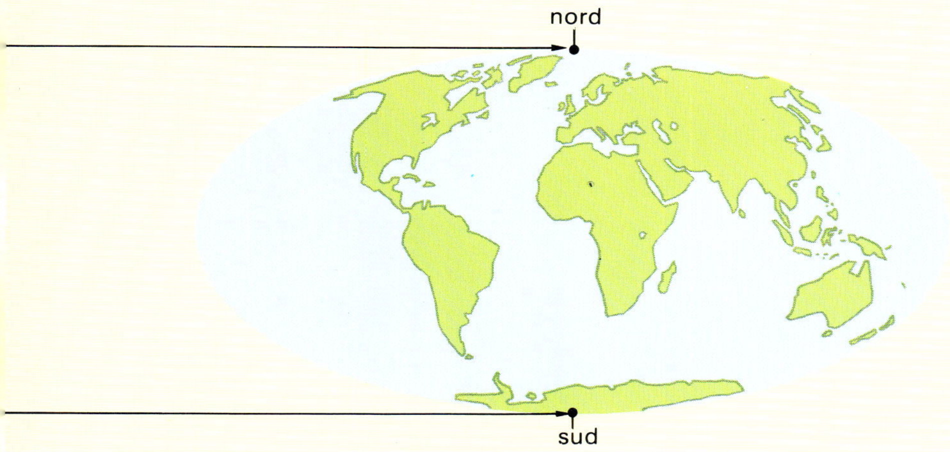

Le nord, le sud

La Terre tourne autour du Soleil, mais elle tourne aussi sur elle-même comme le fait une toupie. On peut imaginer **un axe** autour duquel tourne la Terre : cet axe passe par les deux pôles, **le pôle Nord** et **le pôle Sud**.

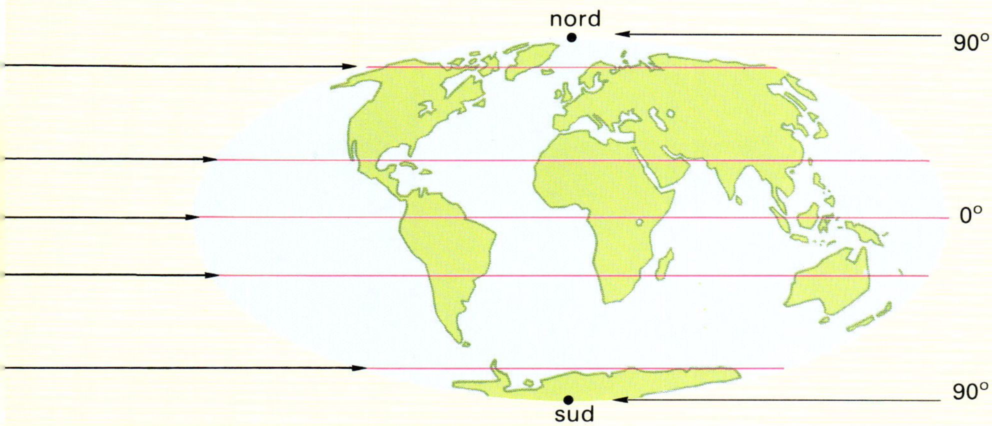

Du nord au sud, les parallèles

Les parallèles sont des **cercles** imaginaires : le plus grand est **l'équateur.** Ils deviennent ensuite plus petits au fur et à mesure qu'on se rapproche des pôles.
En indiquant sur quel parallèle se trouve un endroit de la Terre, on indique sa **latitude**.

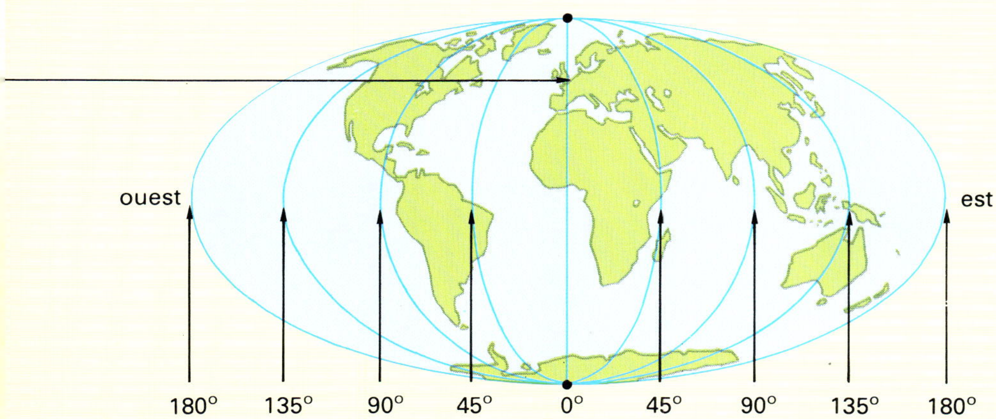

D'ouest en est, les méridiens

Les méridiens sont également des lignes imaginaires. Ils passent tous par les deux pôles et divisent la Terre en **quartiers** comparables à ceux d'une orange.
En indiquant sur quel méridien se trouve un endroit de la Terre, on indique sa **longitude**.

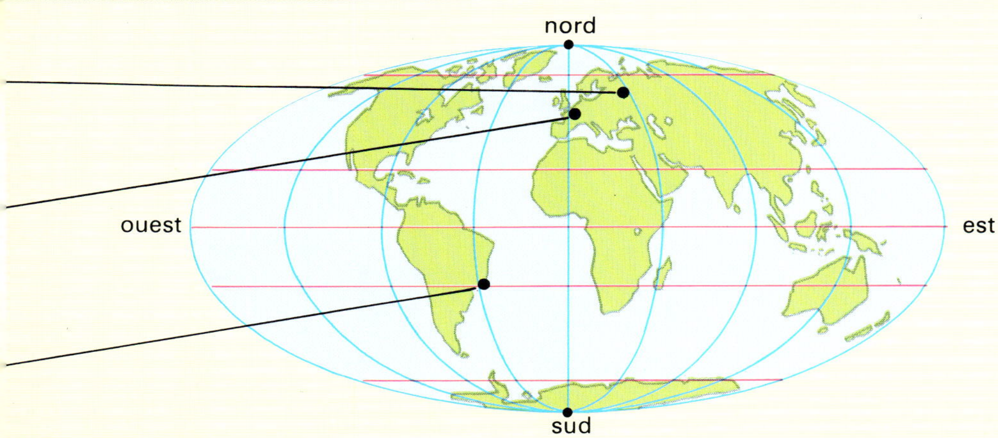

Se situer sur la Terre

Chaque point de la Terre, même s'il est situé en mer, peut être situé de façon très précise en indiquant à la fois :
— **sa longitude** (est ou ouest);
— **sa latitude** (nord ou sud).

Les océans et les mers

L'eau recouvre la plus grande partie du globe terrestre. Les océans sont plus étendus et plus profonds que les mers. Sous la surface de l'eau, il existe également un relief, avec des montagnes, des plateaux et des vallées profondes.
La plus profonde de ces vallées, la fosse des Mariannes, située dans l'océan Pacifique, atteint une profondeur de 11 033 mètres.

Le vent agite la surface de la mer et crée **la houle** et **les vagues**.

Le Mont-Saint-Michel (France) à marée haute.

Le Mont-Saint-Michel à marée basse.
Les marées sont provoquées par l'attraction de la Lune et du Soleil : **le niveau de l'eau monte** (c'est le flux), **puis redescend** (c'est le reflux), **et cela deux fois par jour**.

Les falaises de craie à **Port Campbell** (Australie) : ici, la côte domine la mer. L'action des vagues et des marées ronge la côte qui s'effondre progressivement et recule de plusieurs centimètres chaque année. C'est ainsi que **l'érosion marine** dessine peu à peu la forme des côtes.

Une autre forme de littoral : les immenses plages de sable de **Cancun** (Mexique) qui bordent la presqu'île du Yucatan.

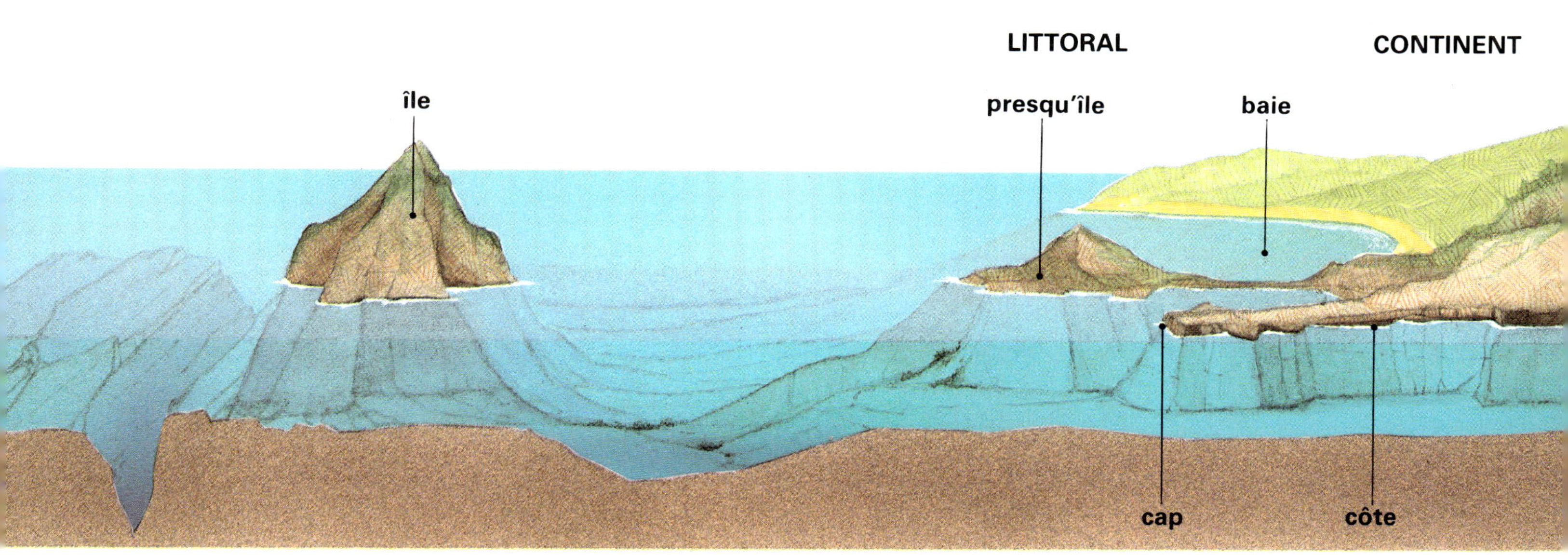

1 mer de Béring
2 mer de Beaufort
3 mer de Baffin
4 baie d'Hudson
5 mer des Sargasses
6 golfe du Mexique
7 mer des Caraïbes
8 mer de Weddel
9 mer de Barents
10 mer de Norvège
11 mer Baltique
12 mer du Nord
13 mer Méditerranée
14 mer Noire
15 mer Caspienne
16 mer d'Aral
17 golfe de Guinée
18 mer Rouge
19 mer d'Oman
20 golfe du Bengale
21 mer des Philippines
22 mer Jaune
23 mer du Japon
24 mer d'Okhotsk

L'eau

La source de la Loire
Ce petit filet d'eau est la naissance d'un grand fleuve qui sera large de 5 kilomètres lorsqu'il se jettera dans l'océan Atlantique.

◀La chaleur du soleil fait évaporer l'eau des mers, des terres et des plantes, qui se transforme en un gaz invisible : la vapeur d'eau. Cette vapeur se condense en de minuscules gouttes d'eau qui se regroupent en nuages. L'eau de pluie et la neige proviennent de ces nuages.

◀Lorsque cette eau retombe sur terre, elle ruisselle en surface ou s'infiltre dans le sol.

◀Les eaux d'infiltration surgissent de la terre et forment une source. Les eaux de ruissellement se regroupent en torrents. C'est ainsi que naissent les fleuves et les rivières. Le cours d'eau dévale la pente, se transformant parfois en cascade.

◀D'autres rivières, ses affluents, viennent le rejoindre. La quantité d'eau (le débit) augmente.

◀Le fleuve traverse une plaine. Son cours s'élargit, il se met à serpenter en de nombreux méandres.

◀Enfin, le fleuve se jette dans la mer. Souvent, il s'élargit encore à son embouchure et forme un vaste delta.

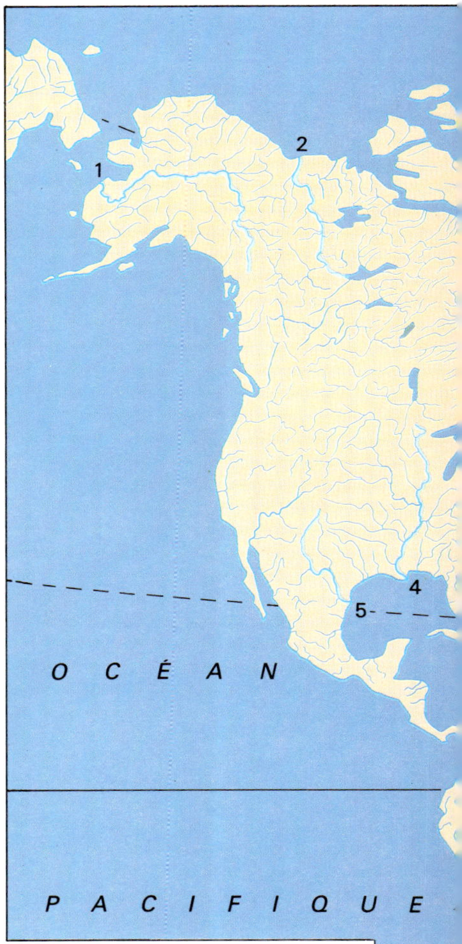

La Loire en crue
Le régime de la Loire est irrégulier : de hautes eaux, dues aux pluies d'hiver et à la fonte des neiges au printemps, la font sortir de son lit et envahir ses berges.

La Loire en période de basses eaux
En été, le débit de la Loire diminue fortement et de nombreuses îles de graviers et de sable émergent du cours du fleuve.

- 1 Yukon
- 2 Mackenzie
- 3 Saint-Laurent
- 4 Mississippi
- 5 Rio Grande
- 6 Orénoque
- 7 Amazone
- 8 Paraña
- 9 Volta noire
- 10 Niger
- 11 Zaïre (Congo)
- 12 Orange
- 13 Zambèze
- 14 Nil
- 15 Loire
- 16 Rhin
- 17 Elbe
- 18 Vistule
- 19 Danube
- 20 Volga
- 21 Ob
- 22 Ienisseï
- 23 Lena
- 24 Amour
- 25 Huanghe
- 26 Changjiang
- 27 Mékong
- 28 Gange
- 29 Indus
- 30 Darling

Le relief

Les plaines du **Far West**, aux États-Unis, sont des étendues de terre plates qui permettent aux cowboys de faire paître leurs troupeaux sur d'immenses territoires. Mais ces plaines se prêtent aussi à la culture des céréales en facilitant le travail des machines sur de grands champs réguliers.

Le Plateau bourguignon, en France, est aussi plat qu'une plaine, mais son altitude — c'est-à-dire sa hauteur au-dessus du niveau de la mer — est beaucoup plus élevée. Il est limité par de profondes vallées en pente raide.

En Allemagne, **le Massif rhénan** est une très ancienne montagne à travers laquelle le Rhin a creusé la « Trouée héroïque ». Usée pendant des millions d'années par l'eau et le vent, cette montagne présente des formes arrondies. Elle ne dépasse pas 800 mètres d'altitude.

Le mont Everest, dans la chaîne de l'Himalaya, est la montagne la plus élevée de la Terre : 8 848 mètres. Le froid qui règne à son sommet empêche toute l'année la neige de fondre. En 1953, Hillary et le guide Tensing sont les premiers hommes à réussir l'escalade du « Toit du monde ».

Des montagnes et des vallées au fond de la mer
Le fond des mers et des océans comporte, lui aussi, **toutes les formes de relief**. On y trouve des plaines, des plateaux, de hautes montagnes et de profondes vallées, appelées fosses marines. Certaines de ces fosses ont plus de 10 000 mètres (10 kilomètres) de profondeur.
En 1960, un appareil de plongée, **le bathyscaphe**, réussit à descendre dans la fosse des Mariannes à 10 916 mètres sous le niveau de la mer.

VOLCANS EN ACTIVITÉ

Le Stromboli est un volcan actif situé en mer Méditerranée. Il est toujours surmonté d'un panache de vapeur. Souvent, la terre tremble, des explosions se produisent, la lave emplit le cratère et déborde : le Stromboli entre alors en éruption.

Aux États-Unis, en 1980, **le Mont Saint Helens** connaît une formidable éruption : le sommet du cône explose sous la poussée des gaz et du magma, détruisant tout à des dizaines de kilomètres à la ronde.

VOLCANS EN SOMMEIL

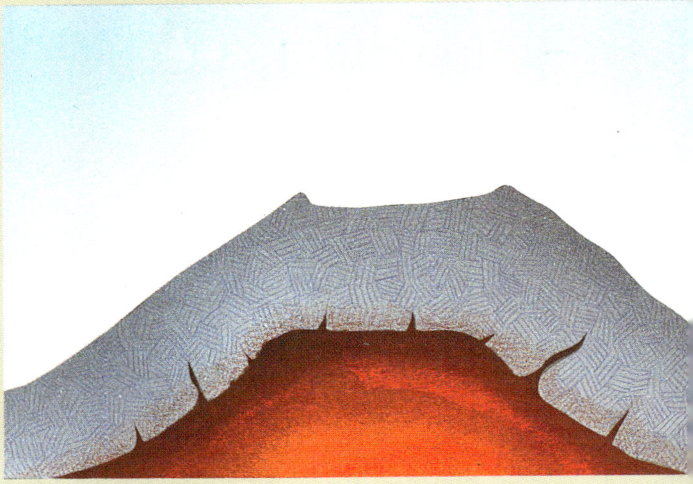

La plus haute montagne du Japon est un volcan : **le Fuji-San** (3 776 m). Il n'a pas connu d'éruption depuis l'année 1707. Il existe ainsi sur la Terre des milliers de volcans en sommeil. Mais nul ne peut dire quand l'un deux entrera à nouveau en activité.

La chaîne des Puys, dans le Massif central (France), est composée de volcans éteints depuis plus de 6 000 ans. Mais l'existence de sources d'eaux chaudes dans le Massif central montre que le magma n'est pas loin.

Les volcans

A de grandes profondeurs, se trouvent des matières fondues, très chaudes, que l'on nomme magma.
Ce magma contient des gaz brûlants qui exercent de fortes poussées en tous sens.
Il arrive que l'écorce terrestre se déchire : le magma et les gaz s'échappent alors par cette ouverture et remontent à la surface.
C'est ainsi que naissent les volcans.

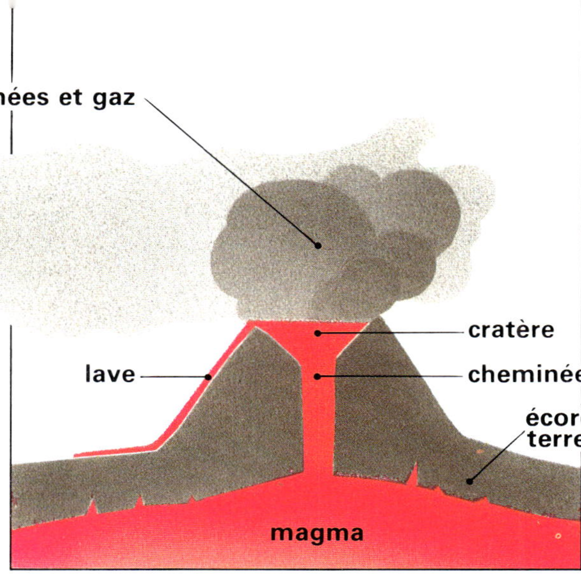

Les régions de la Terre où apparaissent les volcans sont aussi des zones de tremblements de terre ou zones de séismes.
L'île grecque de **Santorin**, en mer Égée, est le reste d'un grand volcan qui a explosé il y a près de 2 500 ans. Cette île est fréquemment secouée par de violents **tremblements de terre**, alors que deux nouveaux volcans sortent lentement de la mer.

Santorin : éruption de 1926.

Il ne fait pas partout le même temps sur la Terre : le ciel, la pluie, le vent et la température sont différents.
Chaque région de la Terre possède ainsi un type de climat.

Les climats

	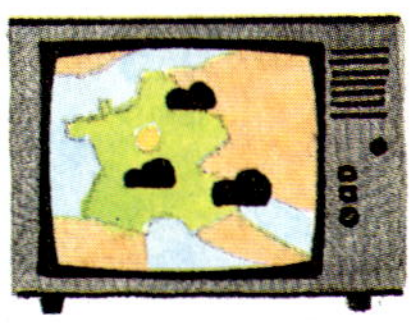	Le bulletin météorologique a toujours beaucoup de succès : quel temps fera-t-il demain ? Comment s'habiller ? Faut-il prévoir un parapluie ? Un manteau ?
LE CIEL		bleu, clair, dégagé
LE CIEL		brumeux
LE CIEL		nuageux, avec éclaircies
LE CIEL		couvert, avec ou sans orages
LES PRÉCIPITATIONS		pas de pluie
LES PRÉCIPITATIONS		pluie, continue ou en averses
LES PRÉCIPITATIONS		grêle
LES PRÉCIPITATIONS		neige
LA TEMPÉRATURE	+ 20°	température élevée : il fait chaud
LA TEMPÉRATURE	+ 10°	température moyenne : il fait doux
LA TEMPÉRATURE	0°	température basse : il fait froid
LA TEMPÉRATURE	– 5°	température inférieure à 0° : il gèle
LE VENT		absence de vent
LE VENT		vent faible ou modéré
LE VENT		vent fort
LE VENT		tempête

Méditerranéen

Températures douces en hiver, chaudes en été. Pluies surtout en automne.

Océanique

Températures moyennes toute l'année. Pluies fréquentes.

Continental

Températures très froides en hiver, très chaudes en été. Pluies orageuses en été.

Désertique froid

Températures très froides en hiver, un peu plus chaudes en été. Tempêtes de neige en hiver.

Désertique chaud
Températures très chaudes le jour, froides la nuit. Pluies presque nulles.

Tropical
Températures chaudes toute l'année. Contraste entre saison sèche et saison des pluies.

Équatorial
Températures très chaudes et pluies toute l'année.

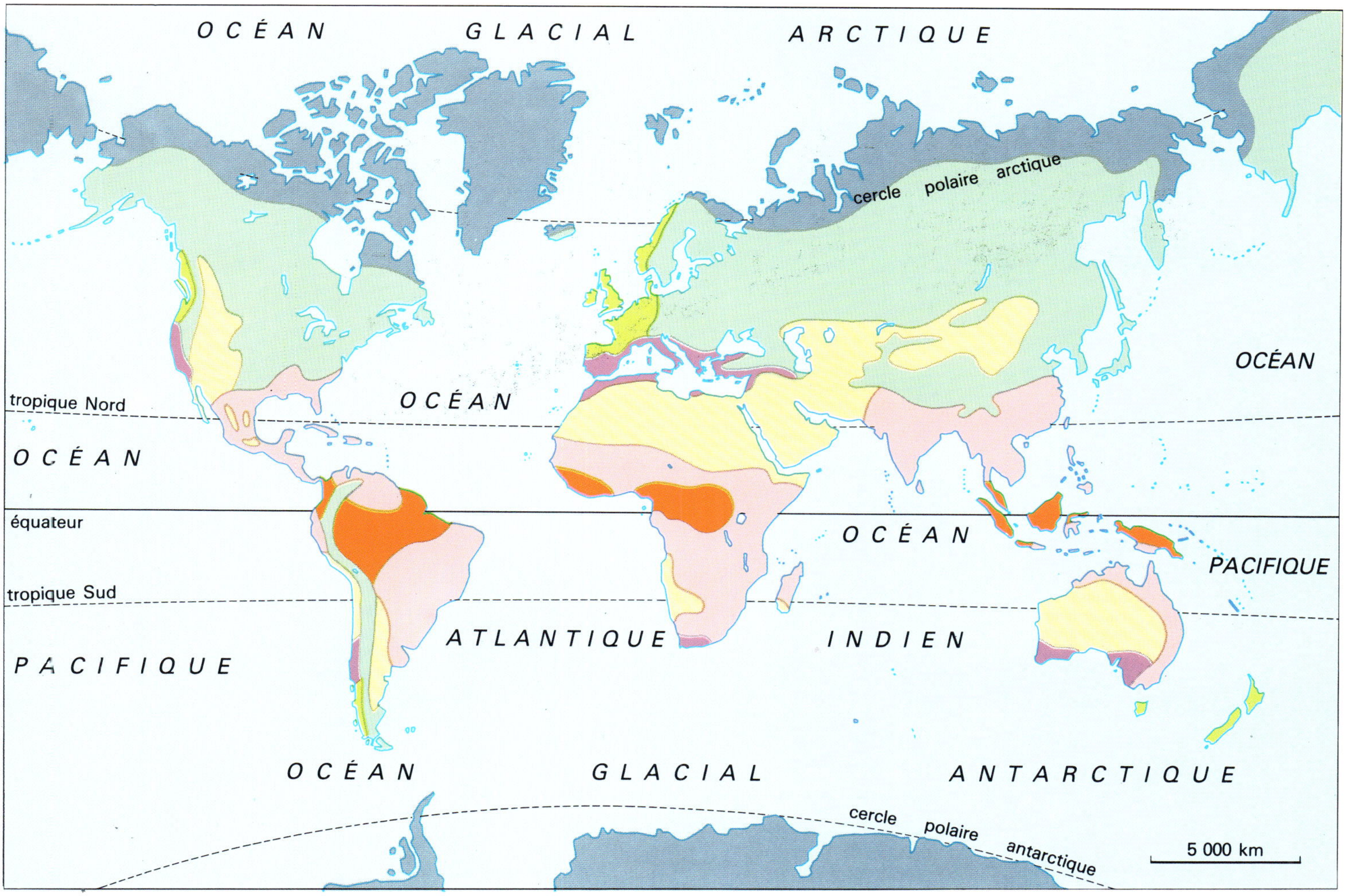

Au fil des saisons

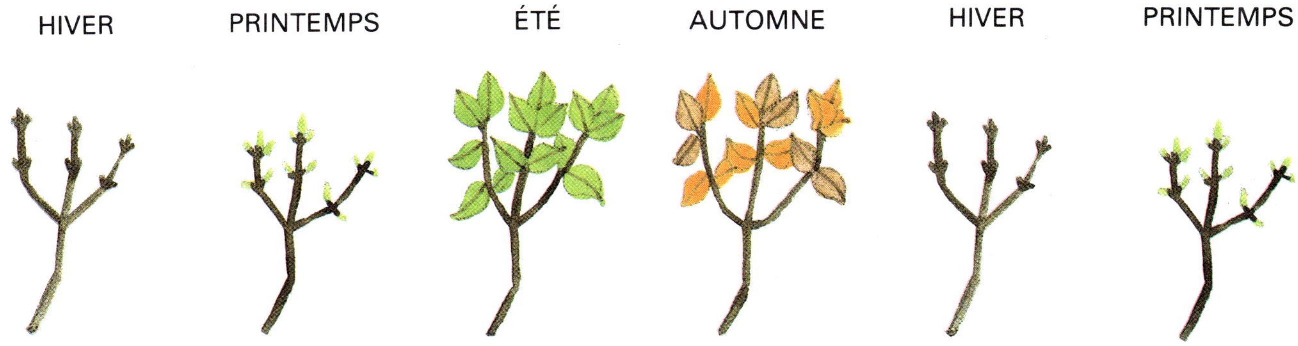

La toundra

Elle se trouve dans des régions de climat très froid : des touffes d'herbe, des lichens et quelques bouleaux.

La forêt boréale

Des conifères (pins, sapins, ifs) forment ici les plus vastes massifs forestiers de la Terre.

La végétation de montagne

Certaines plantes, comme l'edelweiss, ne croissent qu'en altitude.

La forêt tempérée

Les arbres feuillus dominent.

La végétation

La végétation, c'est-à-dire l'ensemble des plantes qui poussent en un endroit, varie avec le climat et la nature du sol. En arrachant ou en plantant, l'homme joue aussi un rôle important : les champs remplacent les forêts, des haies disparaissent, des variétés d'arbres ou de plantes gagnent de nouveaux territoires ...

La prairie

L'herbe recouvre régulièrement la surface du sol.

La végétation méditerranéenne

Des chênes verts, des oliviers et des arbustes épineux capables de supporter la sécheresse de l'été.

La steppe

Une végétation pauvre composée d'herbes courtes et espacées.

Le désert

L'absence d'eau explique la maigreur et la rareté de la végétation.

La savane (forêt claire)

Un tapis d'herbes capables de résister à la sécheresse et quelques arbres et arbustes isolés.

La forêt dense

De nombreux arbres de haute taille et toutes sortes de plantes en grande quantité.

Au Sahara, dans **le Grand Erg oriental**. Bien rares sont les plantes qui parviennent à survivre dans ce désert !

Dans **la forêt amazonienne**, au Brésil, la chaleur et les pluies du climat équatorial permettent à la forêt de se développer avec beaucoup d'exubérance. Il est difficile de pénétrer dans cette forêt dense.

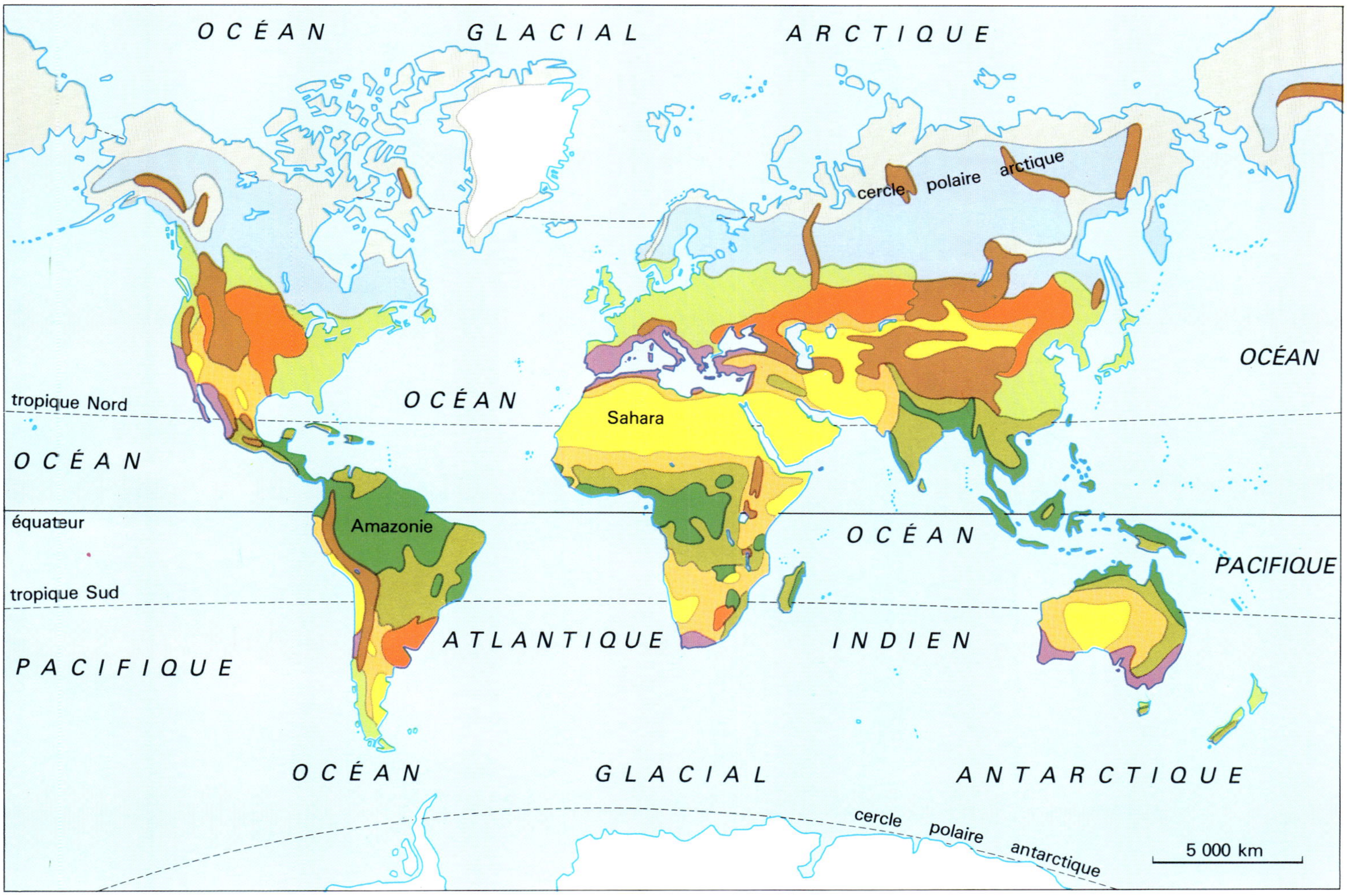

Animaux camouflés

papillon   chenille   « feuille ambulante »   sauterelle   phasme

La population

Densité de la population

L'habitat dispersé
Cette ferme de la plaine du Danemark est isolée au milieu de vastes champs de colza. La ferme voisine est à plusieurs kilomètres.

L'habitat groupé
Les maisons de Sancerre (France) sont groupées sur une colline dominant la Loire.

La ville de New York (États-Unis) : 19 millions d'habitants.
La ville regroupe des commerces, des industries, des administrations et toutes sortes de services (hôpitaux, restaurants, spectacles...). La place manque : les gratte-ciel et les tours s'élèvent, contenant chacun des milliers de bureaux.

Où vivent les hommes ? Principalement...
— dans les régions où le climat est favorable à la vie et à la production de nourriture ;
— dans les plaines littorales, c'est-à-dire les plaines proches des mers et des océans.

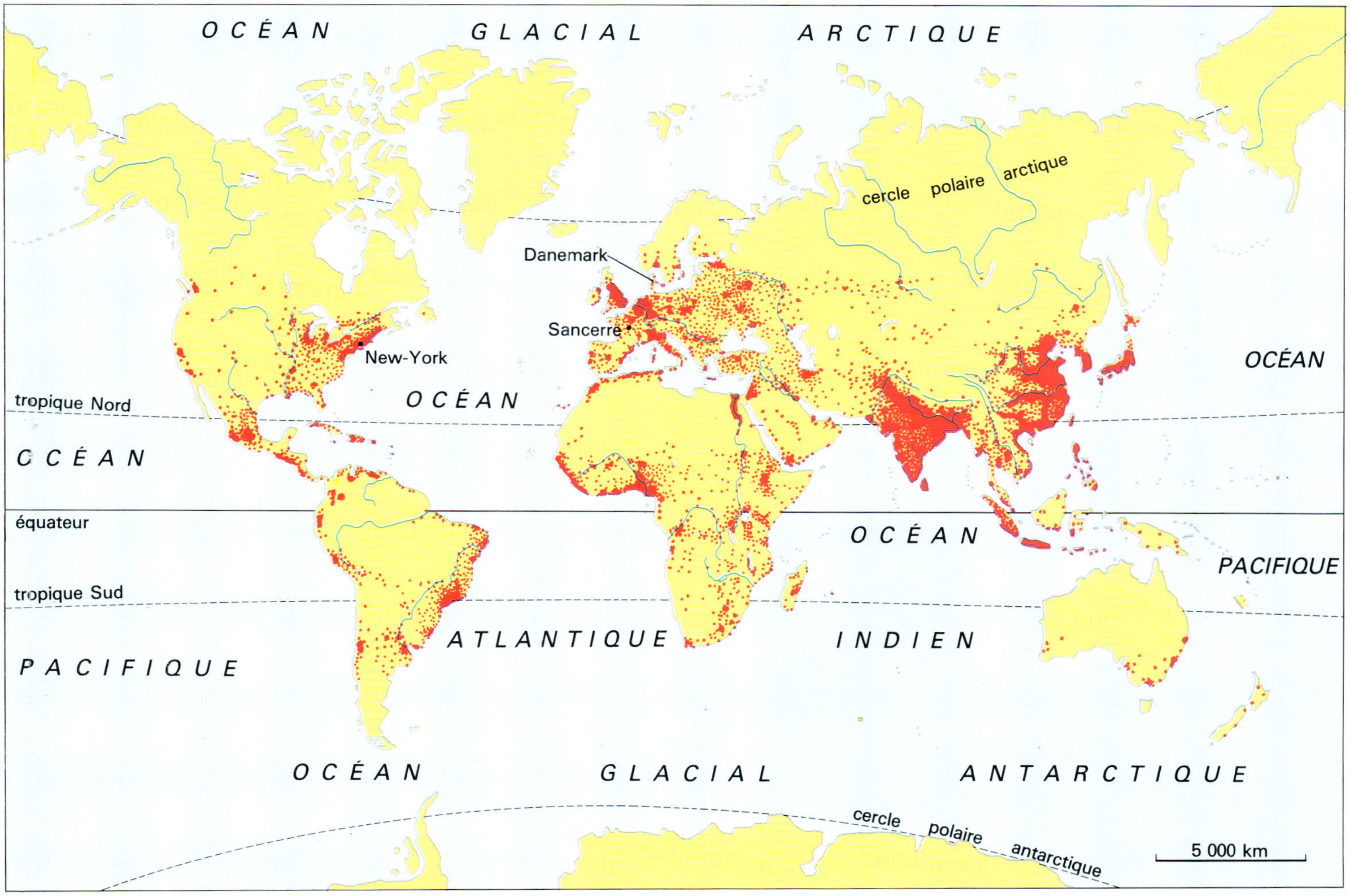

« Métro, boulot, dodo ! »
Les bureaux et les magasins occupent de plus en plus de place dans le centre des villes.
Les logements deviennent rares et chers : il faut aller habiter en banlieue, et les « banlieusards » doivent passer chaque jour de nombreuses heures dans les transports pour venir travailler en ville.

L'Homme prélève, transforme, fabrique

et l'Homme vit du travail de tous.

transporte ,

échange ,

Toutes les nations du Monde

Pour faire une nation, il faut un nom (FRANCE), un drapeau (bleu blanc rouge), un sigle (F), un territoire d'une surface plus ou moins étendue ($S = 549\ 129\ km^2$) bordé par des frontières naturelles (~) ou politiques (~), une population (P = 55 millions de Français), une capitale où se trouve le gouvernement (♦ Paris), une monnaie (○ Franc), mais aussi un passé commun, une culture commune et des intérêts communs.

Le Val de Loire à Langeais (Indre-et-Loire) est une des vastes plaines de l'Ouest de la France, aux paysages verdoyants et variés, permettant toutes sortes de cultures.

Avec 1 424 mètres, **le ballon de Guebwiller** est le sommet le plus élevé du massif vosgien. Les Vosges sont des montagnes anciennes, aux sommets arrondis occupés par des forêts et des pâturages.

A Aiguillon (Lot-et-Garonne), dans **le Bassin aquitain**, la Garonne serpente dans une plaine fertile et ensoleillée.

En Haute-Savoie se trouve le point culminant de l'Europe occidentale : **le mont Blanc**, 4 807 mètres, sommet du massif des Alpes. C'est le domaine de la neige et des glaciers.

Le relief de la France

La Seine prend sa source au plateau de Langres. Cours d'eau tranquille et régulier, bien aménagé, la Seine est le plus navigable des fleuves français. La Seine se jette dans la Manche. Dans les Yvelines, le port de Conflans-Sainte-Honorine accueille de nombreuses péniches.

Fleuves et rivières

La Loire à Gien (Loiret) : avec un cours de 1 012 km, la Loire est le plus long fleuve de France. Particulièrement irrégulier, ce fleuve ne peut être utilisé pour la navigation. Née au mont Gerbier-de-Jonc, la Loire termine sa course dans l'océan Atlantique.

La Garonne, née dans les Pyrénées, est un fleuve rapide mais de longueur modeste. Ses crues brutales la rendent peu navigable. Ici, à Toulouse, elle commence à couler dans une large plaine. Elle se termine, avec la Dordogne, par l'estuaire de la Gironde.

Le Rhône à Saint-Vallier (Drôme) : né dans les Alpes suisses, le Rhône est le plus puissant de nos fleuves. Il connaît de brusques crues ; il est toutefois navigable grâce aux travaux de l'homme. Il se jette dans la mer Méditerranée en formant le delta de la Camargue.

Le Rhin à Fessenheim (Haut-Rhin) : né en Suisse, le Rhin traverse le lac de Constance et coule le long de la plaine d'Alsace avant de traverser l'Allemagne et les Pays-Bas pour se jeter dans la mer du Nord.

de la France

Les départements de la France

Les régions de la France

L'agriculture et le tourisme sont les principales ressources des **Antilles** françaises.

Une île de **la Polynésie** française : Tahiti.

Située sur le continent sud-américain, **la Guyane** française est recouverte d'une forêt dense. C'est de la base de Kourou que sont lancées les fusées Ariane.

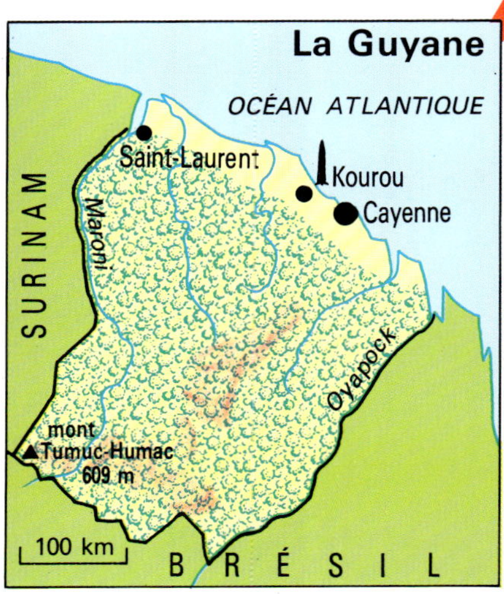

La France, outre-mer

Il existe de par le Monde des territoires rattachés à la France. Les Départements français d'Outre-Mer (D.O.M.) sont des départements français comme ceux de la métropole.
Les Territoires français d'Outre-Mer (T.O.M.) possèdent leur propre Conseil de gouvernement et une assemblée élue. Le gouvernement de la République française y nomme un Haut-Commissaire.

Les îles de **Saint-Pierre-et-Miquelon** vivent essentiellement de la pêche à la morue.

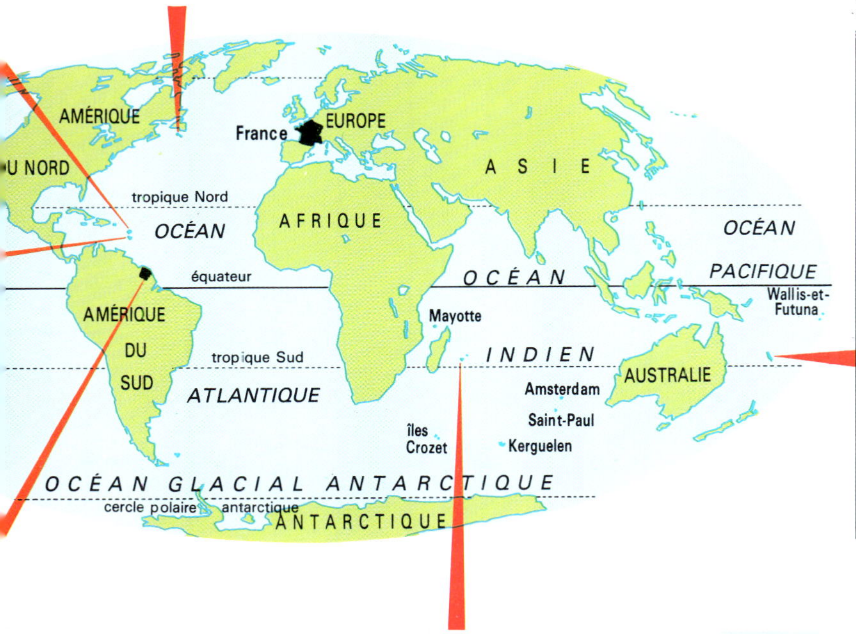

La Nouvelle-Calédonie, en Océanie, est le 3e producteur mondial de nickel.

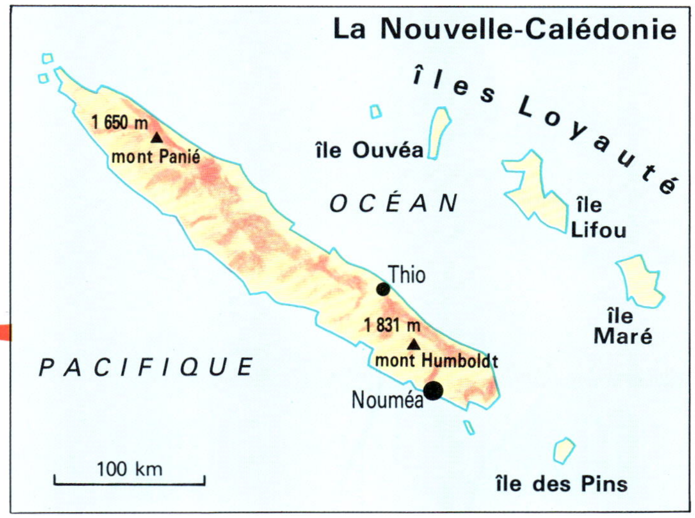

La Réunion est une île volcanique, au relief tourmenté, située dans l'océan Indien.
Les Réunionnais cultivent surtout la canne à sucre.

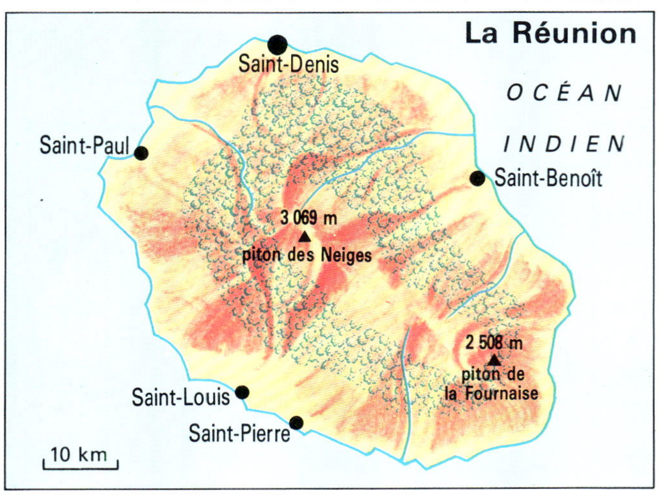

La forêt occupe le quart du territoire français.
Elle est surtout composée de **feuillus**, arbres qui perdent leurs feuilles en hiver.

chêne

hêtre

bouleau

châtaignier

Les forêts et les parcs naturels

Les résineux poussent sur des sols pauvres et supportent bien les dures conditions des climats de montagne.

sapin

pin sylvestre

pin maritime

mélèze

Les parcs naturels sont des territoires où la nature est protégée : plantes et animaux peuvent y vivre en sécurité.

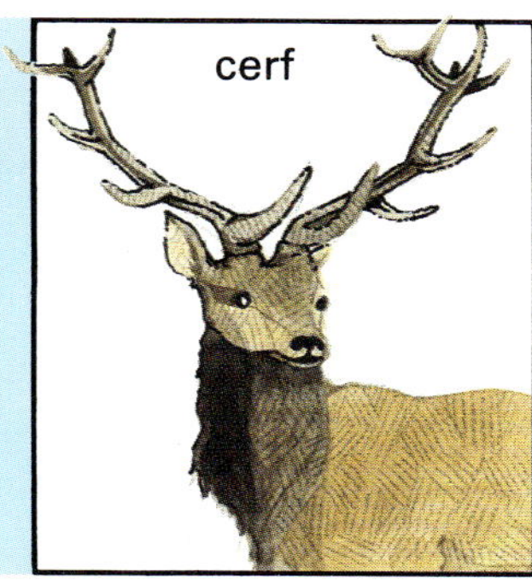
cerf

mouflon

marmotte

flamant rose

blé

avoine

orge

maïs

Les produits végétaux constituent la moitié de la production agricole française. Parmi eux, **les céréales** occupent la place la plus importante.

Les produits de l'agriculture

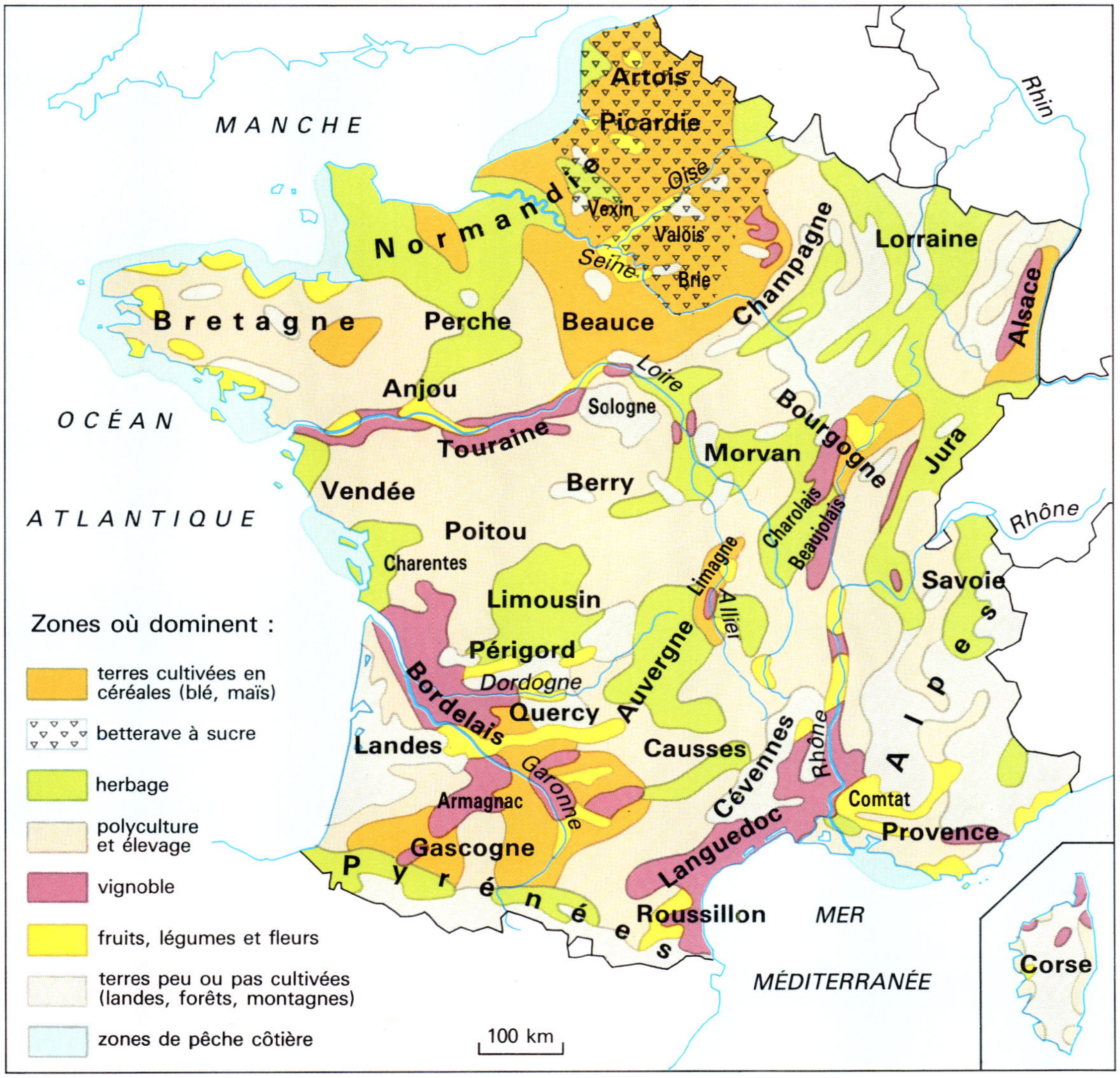

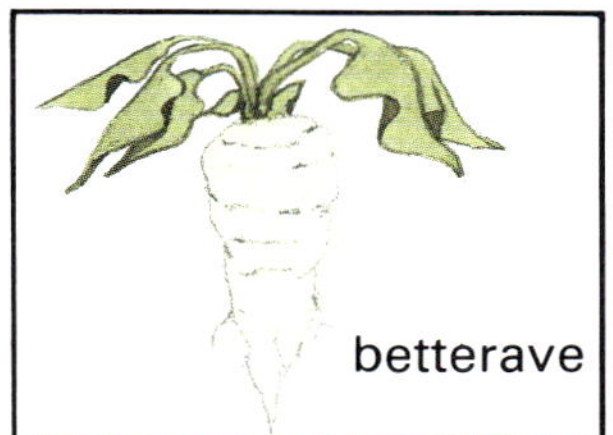

betterave

pomme de terre

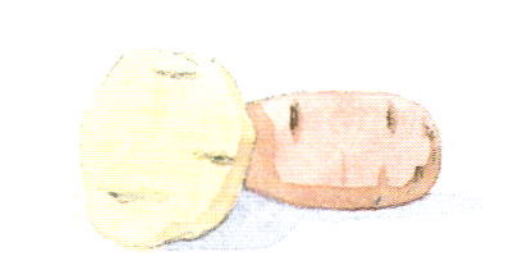

fruits

légumes

vigne

trèfle

bovin

porcin

caprin

ovin

Les produits animaux dus à l'élevage constituent l'autre moitié de la production agricole de la France.

55 millions de Français

La France est un État moyennement peuplé : c'est le long des côtes, dans les vallées fertiles et dans les régions industrielles que les Français sont les plus nombreux. Par contre, les hautes terres et les sols pauvres ont une population beaucoup moins dense.
Les Français vivent surtout dans les agglomérations urbaines (les villes et leurs banlieues) : seulement un Français sur quatre habite la campagne.

○ **Colmar**, dans le département du Haut-Rhin,
68 000 Colmariens.

○ **Brest**, dans le département du Finistère,
164 000 Brestois.

○ **Lyon**, dans le département du Rhône,
463 000 Lyonnais.

○ **Paris**,
2 320 000 Parisiens.

14
habitants par km²
Un département à faible densité de population : **la Lozère**

57
habitants par km²
Un département à moyenne densité de population : **la Charente**

339
habitants par km²
Un département à forte densité de population : **les Bouches-du-Rhône**

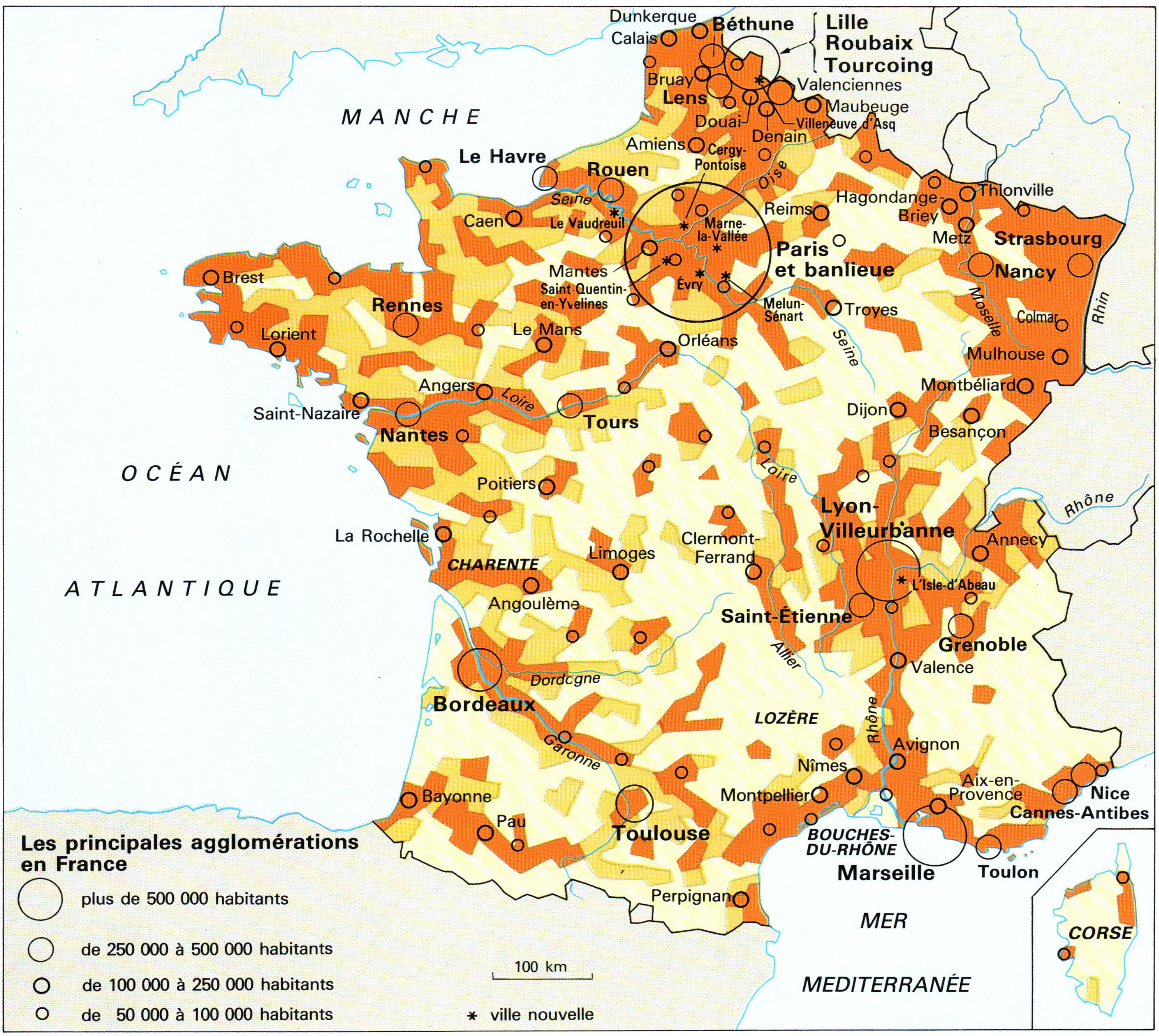

La France industrielle

Les grandes industries françaises sont nées près des gisements de fer (région de la Lorraine) et de charbon (région du Nord et région de Saint-Étienne) et autour de Paris, capitale de la France.
Elles se développent maintenant vers les régions où elles trouvent de l'électricité et vers les ports où arrivent les fournitures dont elles ont besoin.

Une nouvelle zone industrielle : les installations pétrolières de **l'étang de Berre,** près de Marseille.

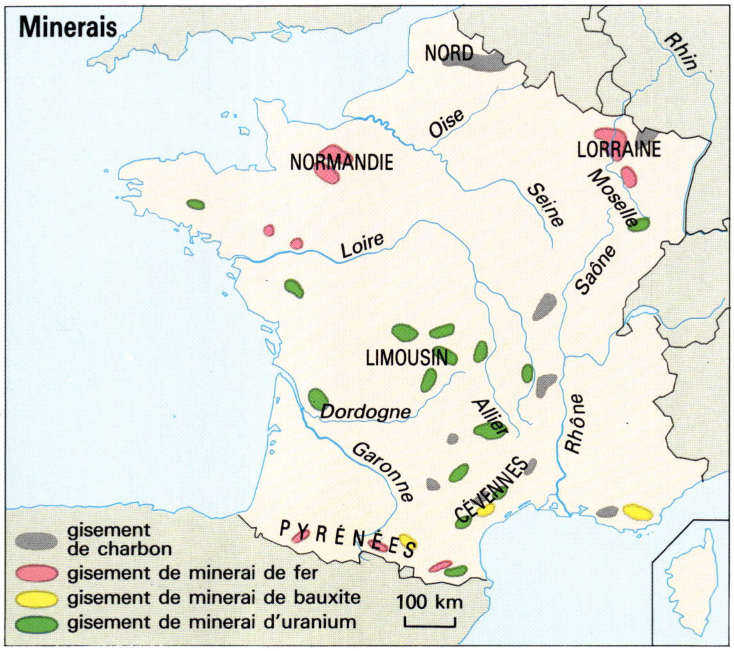

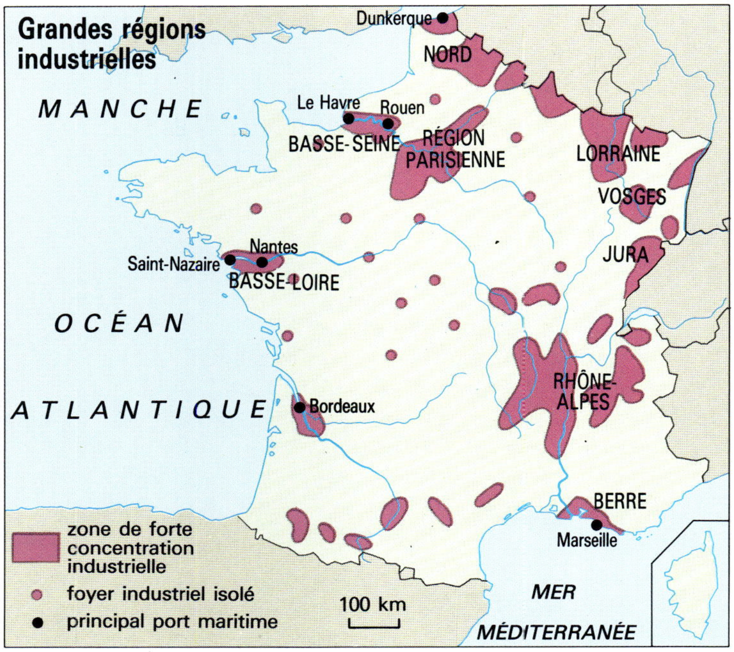

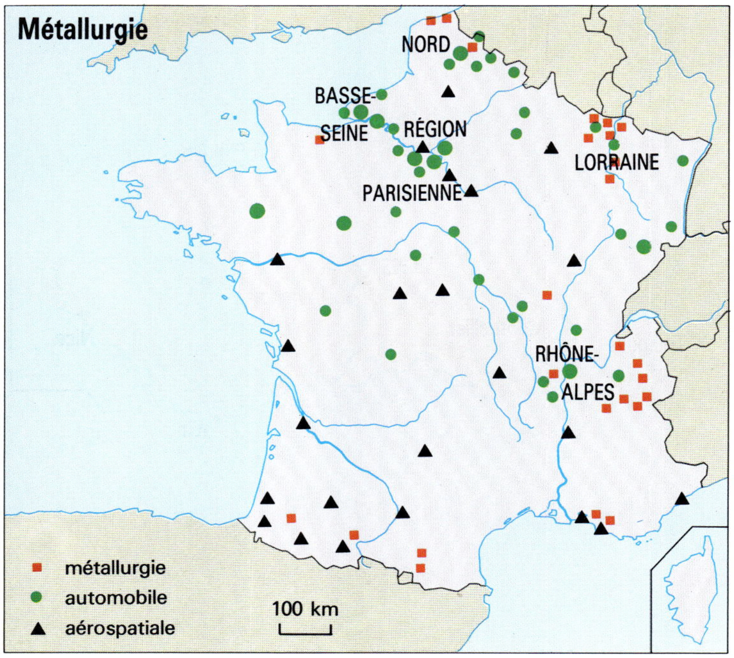

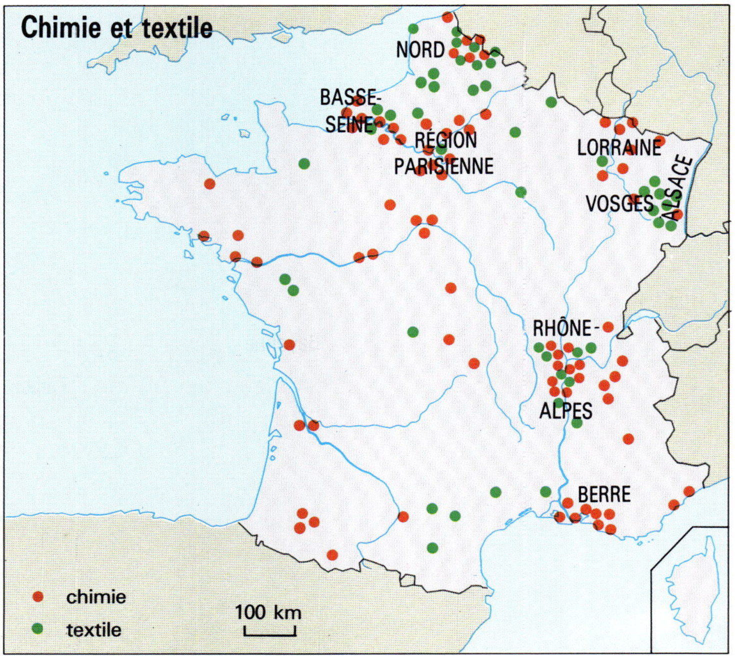

Routes et autoroutes

Tout comme les voies ferrées, les grandes voies routières ont surtout été tracées « en étoile » à partir de Paris, en direction des grandes régions industrielles.
Les voies les plus récentes veulent maintenant relier ces régions entre elles, sans qu'il soit nécessaire de passer par Paris : c'est le rôle de l'autoroute Bordeaux-Toulouse-Marseille.

Belle figure géométrique d'un échangeur autoroutier à **Paris,** entre les voies ferrées et la Seine.

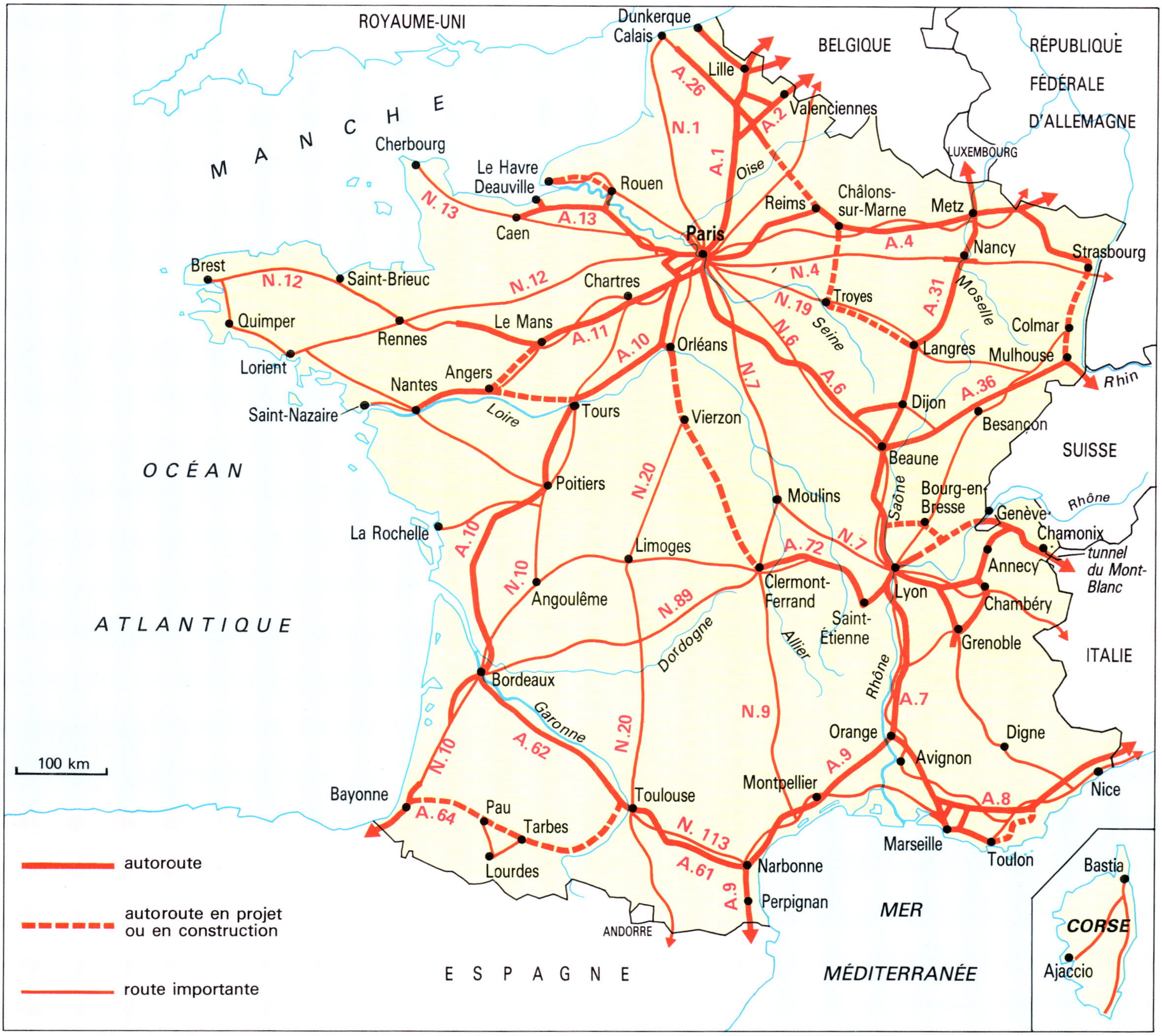

La toundra

Capable de résister aux grands froids, une végétation pauvre (mousses, lichens, arbustes) rampe à la surface du sol.

La grande forêt

Les hivers sont longs et froids ; les sols sont pauvres. Il y pousse des conifères : sapins, pins, épicéas.

Le bocage

Les champs et les prairies sont entourés de haies formées de buissons ou d'arbres.

L'Europe : des paysages variés

La grande forêt en Finlande : la forêt couvre la plus grande partie de ce pays. Elle est exploitée par les bûcherons finlandais et constitue une importante ressource commerciale.

La toundra en Laponie : ce berger, comme les autres Lapons, accompagne dans la toundra son troupeau de rennes. Les rennes lui fournissent aussi bien le lait qui le nourrit que les peaux nécessaires à la confection de sa tente.

Le bocage des collines d'Angleterre : les maisons isolées et les hameaux se nichent dans un paysage verdoyant et vallonné. Ici, l'élevage est la principale activité.

La campagne découverte du Bassin parisien : les arbres sont rares. Les champs s'allongent régulièrement sur de grandes étendues ; aucune clôture ne vient les séparer. Les agriculteurs y travaillent facilement avec de grosses machines.

La campagne découverte
Les champs se succèdent, sans être séparés par des clôtures ou des haies.

Le paysage méditerranéen
Les plantes sont adaptées à la sécheresse ; les plus gourmandes en eau se trouvent dans les vallées arrosées.

La steppe
La sécheresse et la forte chaleur de l'été sont supportées par des plantes basses et résistantes.

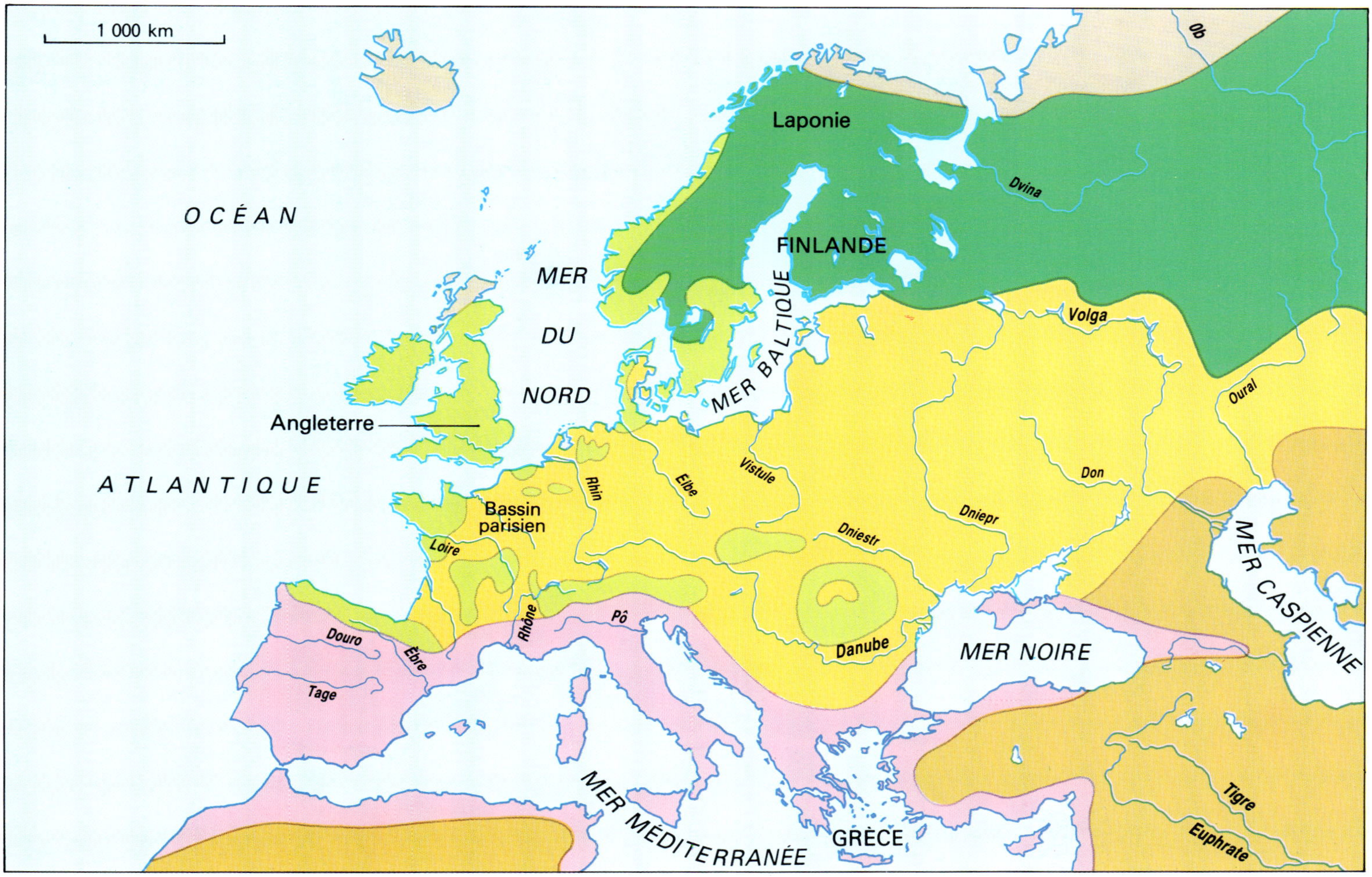

Le paysage méditerranéen en Grèce : après les violentes pluies de l'hiver, la sécheresse règne en été. L'herbe devient rare et la végétation est surtout faite de buissons et d'arbres aux écorces épaisses, comme l'olivier.

L'Europe

La chaîne de **l'Oural** est considérée comme une limite entre l'Europe, à l'ouest, et l'Asie, à l'est. L'U.R.S.S., qui s'étend de part et d'autre de cette chaîne, est donc un pays européen, mais aussi un pays asiatique.

L'Europe est le prolongement vers l'ouest du continent asiatique. Le continent européen est bordé de mers et d'océans aux côtes très découpées ; on y rencontre aussi de grandes mers intérieures : en Europe, on n'est jamais très loin de la mer.
Le relief de l'Europe est varié : en allant du nord au sud, on traverse de vieux massifs, puis de très grandes plaines, puis à nouveau de vieux massifs séparés par de vastes bassins. Au sud du continent se trouvent les chaînes alpines, faites de montagnes jeunes et élevées. Le mont Blanc (4 807 mètres) culmine à l'Ouest, l'Elbrouz (5 633 mètres) à l'est. Certaines de ces montagnes connaissent encore des mouvements et les habitants de ces régions ont parfois à souffrir de tremblements de terre.

Les Européens

L'Europe, divisée en 33 États différents, est un continent très peuplé : plus de 650 millions d'habitants. Pour constituer des ensembles plus puissants, des États européens se regroupent et tentent de mettre en commun leurs industries, leurs agricultures et leurs commerces. Ils signent aussi des alliances militaires.

La Communauté économique européenne (C.É.E.)

L'Association européenne de libre-échange (A.E.L.É.)

Le COMECON, association de certains États d'économie socialiste, alliés à l'U.R.S.S. (+ CUBA, MONGOLIE, VIÊT-NAM)

Un avion européen : **l'Airbus**.
Allemands, Britanniques, Espagnols, Français et Néerlandais ont travaillé ensemble pour réaliser ce bel avion.

1 000 km
Islande
ASIE
SCANDINAVIE
OURAL
MER
DU
NORD
GRANDE-
BRETAGNE
OCÉAN
Irlande
MER BALTIQUE
Plaine de l'Europe du Nord
MANCHE
Rhin
Volga
ATLANTIQUE
Ukraine
Carpates
MER CASPIENNE
mont Blanc
ALPES
Crimée
Elbrouz
CAUCASE
Péninsule
ibérique
Apennin
Danube
MER NOIRE
Corse
Balkan
Sardaigne
ANATOLIE
MER MÉDITERRANÉE
Sicile
ASIE
AFRIQUE
Crète

C.É.E.
A.E.L.É.
associé à l'A.E.L.É.
COMECON
ISLANDE
Reykjavik
UNION DES
RÉPUBLIQUES
SOCIALISTES
SOVIÉTIQUES
R.F.A. RÉPUBLIQUE FÉDÉRALE D'ALLEMAGNE
R.D.A. RÉPUBLIQUE DÉMOCRATIQUE ALLEMANDE
1. LUXEMBOURG
2. LIECHTENSTEIN
3. MONACO
4. SAINT-MARIN
5. VATICAN
6. ANDORRE
1 000 km
SUÈDE
NORVÈGE
FINLANDE
Helsinki
Oslo
Stockholm
MER
DU
NORD
MER BALTIQUE
Moscou
EIRE
Dublin
ROYAUME-
UNI
DANEMARK
Copenhague
OCÉAN
Londres
PAYS-
BAS
Amsterdam
Berlin
Varsovie
Bruxelles
BELGIQUE
Bonn
R.D.A.
POLOGNE
Paris
R.F.A.
Prague
TCHÉCOSLOVAQUIE
FRANCE
Berne
SUISSE
Vienne
AUTRICHE
Budapest
HONGRIE
MER CASPIENNE
ATLANTIQUE
Belgrade
ROUMANIE
Bucarest
PORTUGAL
Lisbonne
Madrid
ESPAGNE
Corse
ITALIE
YOUGOSLAVIE
Sofia
BULGARIE
MER NOIRE
Rome
ALBANIE
Tirana
TURQUIE
Sardaigne
Baléares
GRÈCE
Athènes
IRAN
MER
Sicile
Crète
SYRIE
IRAK
MAROC
ALGÉRIE
TUNISIE
MALTE
MÉDITERRANÉE
CHYPRE
LIBAN

Un habitant de **la forêt équatoriale** : le gorille.

Une caravane de dromadaires au **Sahara**.

L'Afrique, continent de la chaleur

La savane africaine et ses éléphants. C'est aussi le domaine des antilopes, des zèbres, des girafes, des babouins... et du lion qui les chasse ! L'Afrique comporte maintenant de nombreux parcs naturels où ces espèces sont préservées.

Un continent massif aux côtes peu découpées, comprenant au centre de vastes plaines et des cuvettes entourées de chaînes montagneuses. Certaines de ces chaînes sont d'origine volcanique : le sommet le plus haut d'Afrique, le Pic Uhuru (5 895 m), appelé aussi Kilimandjaro, est un volcan. Les plaines côtières sont très réduites et les fleuves africains parcourent souvent un long chemin avant de rejoindre la mer.

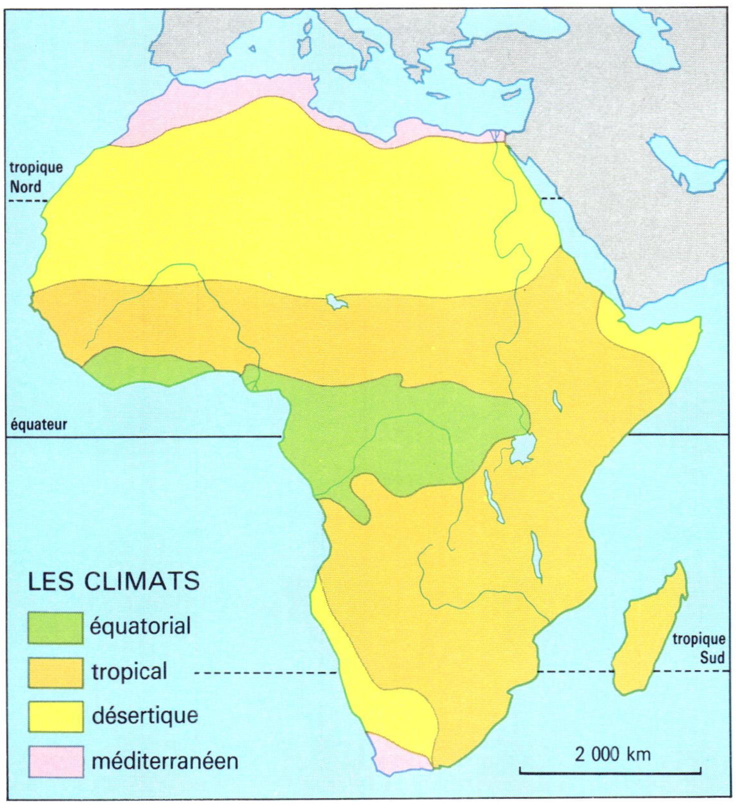

Les climats : l'équateur traverse l'Afrique en son milieu : la **zone équatoriale** est chaude et humide toute l'année. Puis, de l'équateur vers les tropiques, l'humidité diminue progressivement : c'est alors le climat **tropical** avec une saison sèche plus ou moins longue. Quand cette saison sèche dure toute l'année, apparaît le climat **désertique**. Enfin, on rencontre un climat **méditerranéen** aux extrémités Nord et Sud.

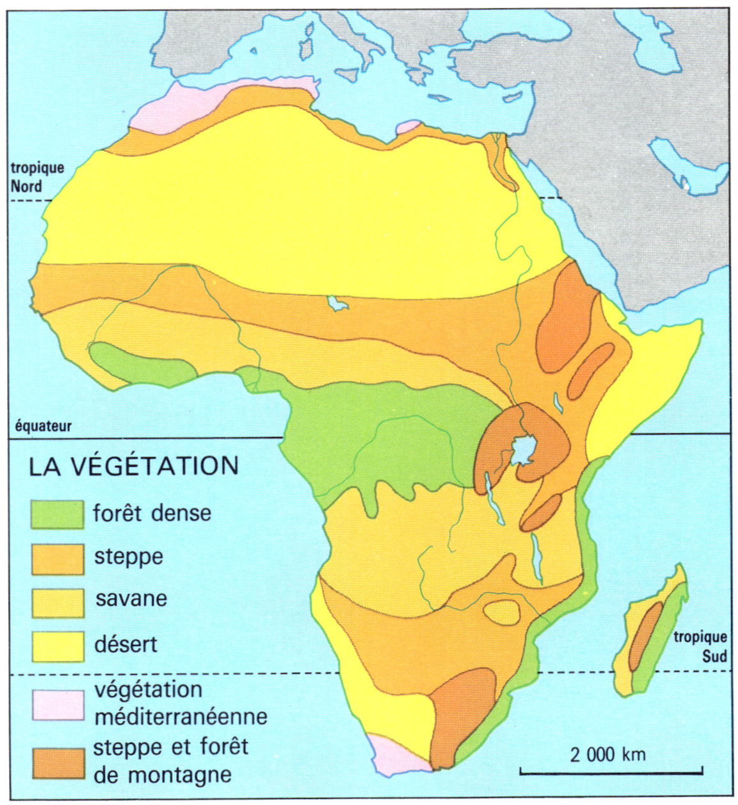

La végétation : dans la zone équatoriale, la chaleur et l'humidité constantes permettent la vie de la **forêt dense**. Cette forêt s'éclaircit sous les climats tropicaux et laisse peu à peu la place à la **savane** et à la **steppe**. C'est près des tropiques qu'apparaît le **désert** : au nord, le Sahara qui est le plus grand désert du monde, au sud le désert du Kalahari.

Les États africains

L'Afrique a été colonisée par les Européens, en particulier au cours du XIXe siècle. Par des guerres et des traités, les Européens ont conquis et se sont partagé les diverses régions du continent africain. Ils ont ainsi divisé l'Afrique en une multitude de colonies allemandes, belges, britanniques, espagnoles, françaises, italiennes, portugaises et turques. Quand, au XXe siècle, les pays d'Afrique ont réussi — les uns après les autres — à devenir indépendants, ce partage a subsisté : l'Afrique se trouve ainsi morcelée en un très grand nombre d'États différents.

Au cours des siècles passés, plus de 30 millions d'Africains ont été les victimes de l'horrible **commerce des esclaves.**

En Égypte, **le barrage d'Assouan** a été construit pour tenter de régulariser le cours du Nil, le plus long fleuve du monde (6 671 km).

Avec 530 millions d'habitants, l'Afrique est un grand continent peu peuplé : les conditions climatiques et la nature des sols sont souvent défavorables à l'homme et à l'agriculture.
La colonisation a surtout favorisé la création d'importantes plantations (cacao, café, palmier à huile, arachide) et multiplié les exploitations minières. L'Afrique doit maintenant développer son agriculture de subsistance ainsi que des industries de transformation.

Une plantation de cocotiers en **Côte-d'Ivoire**. En faisant sécher l'amande de la noix de coco, on obtient une graisse comestible, le coprah.

Un village du **Sénégal** : les maisons sont rondes, construites en terre séchée et recouvertes d'un toit de paille.

La sécheresse et l'appauvrissement des sols transforment en **désert** de vastes parties de l'Afrique tropicale. Des millions d'êtres humains sont menacés de **famine.**

Prétoria, la capitale de l'Afrique du Sud, reflète la puissance économique de cet État. Mais la population Noire est privée de la richesse et du pouvoir par une minorité de Blancs qui pratiquent la ségrégation raciale.

Des plantes cultivées en Afrique

arachide manioc mil patate douce maïs sorgho cacao café

Le continent asiatique est limité au nord, à l'est et au sud par des océans. Mais, il n'a pas de limites précises à l'ouest ; on considère, en général, que l'Oural, la mer Caspienne et l'isthme de Suez sont les frontières qui séparent l'Europe et l'Afrique de l'Asie.
L'Asie est le continent le plus élevé : son centre est occupé par le plus important ensemble montagneux de la Terre qui comprend le massif de l'Himalaya, dont le mont Everest (8 848 mètres) est le sommet le plus haut.
Au nord et au sud de cet ensemble montagneux s'étendent des plateaux et des plaines.
Au sud et à l'est du continent asiatique se trouvent de nombreuses îles situées sur la « ceinture de feu » de l'océan Pacifique : c'est une zone de grande activité volcanique.

L'Asie des climats continentaux
La partie Nord du continent asiatique connaît des **hivers longs** et **très froids**. Dès le mois d'octobre, une couche de neige gelée recouvre le sol, et les fleuves sont pris dans **les glaces**. L'été est chaud, mais il ne dure que trois mois. C'est durant cette saison que tombent les pluies, peu abondantes.

*En **Yakoutie**, dans le nord-est de la Sibérie : 69° au-dessous de 0 en hiver, 32° au-dessus de 0 en été !*

L'Asie des climats arides
Au centre et au sud-ouest du continent se trouvent de vastes **régions arides ou désertiques**. Certaines de ces régions ont une saison chaude et une saison froide : c'est le cas du Kazakhstan où le thermomètre marque $-50°$ en hiver, mais atteint $+40°$ en été. Le Tibet reçoit très peu de pluies, mais il fait presque toujours **froid** dans ce pays de haute altitude. Et c'est au Moyen-Orient que se trouvent les déserts où il fait **chaud** toute l'année.

*Le désert, dans le nord-ouest de l'**Arabie Saoudite**.*

L'Asie des moussons
Les extrémités Sud et Sud-Est de l'Asie ont **un climat tropical**, chaud et humide. Les moussons sont des vents dont l'orientation change avec les saisons et qui, lorsqu'ils viennent de la mer, apportent des **pluies abondantes**. Ces pluies sont indispensables à la culture du **riz** qui nourrit une grande partie de la population asiatique.
Les îles de l'Indonésie, dans l'océan Indien, ont **un climat équatorial**, chaud et humide toute l'année.

*Une rue de la ville de **Jaipur**, en Inde, durant la saison des pluies de mousson.*

L'Asie, le continent le plus vaste

2 milliards 915 millions d'habitants (c'est-à-dire 2 915 millions !) : l'Asie représente plus de la moitié de la population mondiale.

La Sibérie, les hautes montagnes et les déserts froids d'Asie centrale ainsi que les déserts chauds de l'Asie du Sud-Ouest sont presque inhabités ; c'est dans l'Asie des moussons que se regroupe la plus grande partie de la population de ce vaste continent.

L'Asie comprend ainsi les deux États les plus peuplés du monde : la Chine — plus d'un milliard de Chinois — et l'Inde — 750 millions d'Indiens.

La population de l'Asie augmente régulièrement et la nourriture produite n'est pas toujours suffisante : des États comme le Bangla Desh ou l'Inde connaissent la faim et la misère.

La Grande Muraille de Chine a été construite au cours des siècles pour protéger, sur plus de 6 000 kilomètres, l'empire chinois contre les invasions barbares. Il en reste aujourd'hui 2 500 kilomètres sur le territoire de la République populaire de Chine.

◀ La faim, la misère, au **Bangla Desh**.

Les habitants de l'Asie vivent surtout dans les campagnes. Une exception : **le Japon** ; plus de la moitié des Japonais vivent dans **les villes**. Grâce à son industrie moderne, le Japon est aujourd'hui, derrière les États-Unis et l'U.R.S.S., **la troisième puissance mondiale**. ▶

L'Asie, le continent le plus peuplé

L'Amérique

18 000 kilomètres du Sud au Nord

Le continent américain est le plus étiré de tous les continents.
Il constitue une grande barrière entre l'océan Atlantique et l'océan Pacifique. Cette barrière est composée de deux grands blocs en forme de triangle, reliés par un isthme étroit : l'Amérique centrale. Une longue chaîne de montagnes jeunes et élevées se dresse tout le long de la côte Ouest du continent. En allant vers l'est, on rencontre des plaines, des plateaux ou de vieilles montagnes.

L'Amérique du Nord
Elle se situe entre le Cercle polaire arctique et le tropique Nord, en zones de **climats froids ou tempérés**.
Entre les hautes montagnes de l'Ouest et les anciens massifs de l'Est s'étendent de vastes plaines.

Le mont Mac Kinley (6 187 mètres), dans les montagnes Rocheuses, est le plus haut sommet de la longue chaîne qui borde l'Ouest de l'Amérique du Nord.

Les montagnes anciennes de l'Est portent le nom de « boucliers ». **Le Niagara** franchit le bord du bouclier canadien en de gigantesques chutes.

L'Amérique centrale
Elle se trouve en **zone tropicale**. Elle est constituée de montagnes jeunes, parmi lesquelles se trouvent de nombreux **volcans**, et d'un plateau : le Yucatan.
A l'est, au-delà de la mer des Caraïbes, **les îles des Antilles** présentent le même relief volcanique.

Le canal de Panama : quelques heures de navigation seulement séparent, depuis 1914, les océans Atlantique et Pacifique.

La Soufrière, en Guadeloupe, est un volcan des Antilles en pleine activité.

L'Amérique du Sud
Elle est traversée par l'équateur près de sa partie la plus large. Elle est donc située surtout entre les tropiques : la majeure partie de l'Amérique du Sud connaît **un climat humide**, **équatorial ou tropical**. Seule la pointe Sud du continent atteint des latitudes tempérées.

En Argentine, **l'Aconcagua** est, avec 6 959 mètres d'altitude, le plus haut sommet du continent américain.

Le fleuve le plus puissant du monde, **l'Amazone**, traverse l'immense forêt équatoriale du Brésil.

Les Américains

Les 660 millions d'Américains sont inégalement répartis sur le continent : le Nord du Canada et l'Amazonie sont vides, alors que les régions littorales sont très peuplées.
Les Indiens d'Amérique ont été décimés par les Européens à partir de la fin du xvᵉ siècle : seule la Bolivie comporte une majorité d'Indiens.

L'Amérique du Nord a été peuplée par des Européens du Nord : la langue américaine est issue de l'anglais (seule la province canadienne du Québec est francophone). C'est l'Amérique anglo-saxonne. Les Noirs qui y vivent sont les descendants des esclaves arrachés de leur continent africain.
Les Amériques centrale et du Sud ont été colonisées par des Européens du Sud, Espagnols et Portugais, qui ont imposé leurs langues : c'est l'Amérique latine, où Blancs, Indiens et Noirs se sont mélangés au cours des siècles.

L'Amérique anglo-saxonne

La mégalopolis, ensemble de villes situées sur la façade côtière Nord-Est des États-Unis, révèle la puissance industrielle et commerciale de l'Amérique du Nord : sur **800 kilomètres**, de Boston à Washington, s'étend un formidable paysage urbain ininterrompu.
Les productions agricoles, les ressources en énergie et en minerais divers, contribuent à faire de l'Amérique du Nord (Canada et États-Unis) **une région riche et productive**.

La ville moderne de Boston.

L'Amérique latine

Les États d'Amérique latine luttent pour échapper à **la pauvreté**. Ils tentent de créer des industries nationales qui pourraient leur apporter la richesse dont ils ont besoin. La population de ces États augmente régulièrement : il est bien difficile de trouver du travail. Et c'est en vain que les paysans quittent les campagnes pour trouver du travail en ville : la misère des **bidonvilles** voisine alors avec la prospérité de certaines cités.

Au Brésil, l'un des quartiers pauvres de la ville de São Paulo.

L'Australie, le continent le plus sec

L'Australie est le plus petit des continents, mais c'est aussi la plus grande île du monde. C'est le continent le moins élevé : le mont Kosciusko culmine à 2 230 mètres. Toute la partie centrale de l'Australie est occupée par une grande région désertique chaude ; les 15 millions d'Australiens vivent surtout dans les villes situées dans les régions côtières atteintes par les pluies.
L'Australie est avant tout un pays d'élevage, en particulier de moutons. Elle exporte des produits alimentaires en grande quantité.

A l'est et au nord-est de l'Australie s'éparpillent, dans l'immense océan Pacifique, les dix mille petites îles qui constituent l'Océanie.

Ayers Rock, la montagne sacrée des aborigènes. Cet énorme rocher de grès, haut de 340 mètres, visible à plus de 100 kilomètres, est situé en plein désert, au centre de l'Australie. Les touristes doivent parcourir 9 kilomètres pour en faire le tour.

L'Australie constitue **une seule nation** découpée en **six États**. Le gouvernement fédéral se trouve à **Canberra**.

Les colons blancs ont occupé le continent australien à partir du XIXe siècle. Auparavant, il était resté **isolé** du reste du monde. Des hommes, les **aborigènes** australiens, y vivaient depuis des millions d'années, pratiquant la chasse et la cueillette, dans une nature particulière, aux **espèces inconnues ailleurs**.
Il ne reste plus aujourd'hui que 50 000 aborigènes.

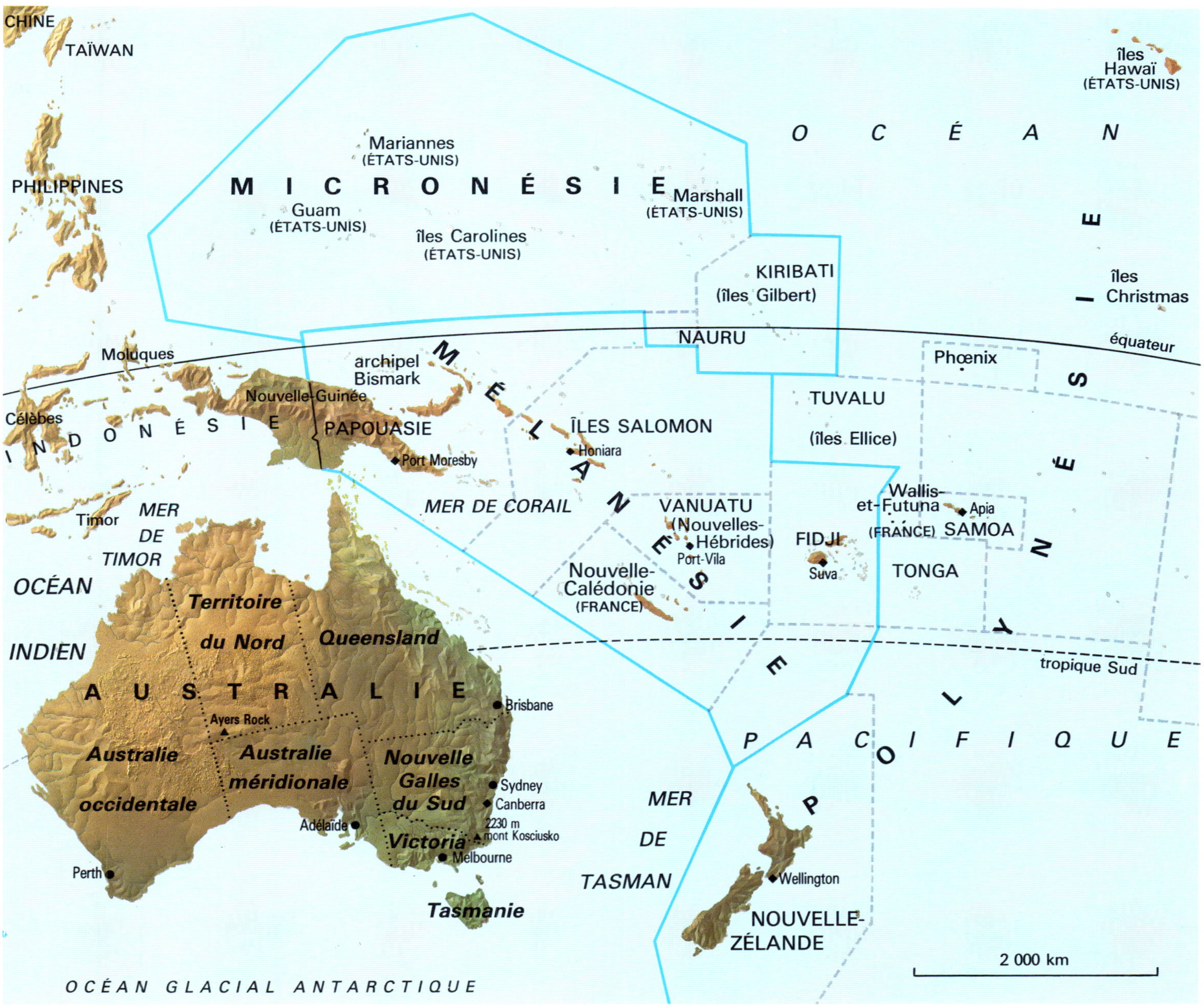

L'océan des glaces : l'Arctique

Autour du pôle Nord s'étend un océan, continuellement recouvert d'une **banquise**, épaisse couche de glace : c'est l'océan Arctique. Le froid y est très vif et peut atteindre 48° au-dessous de 0. D'énormes blocs de glace se détachent de la banquise : ces **icebergs** dérivent en mer et constituent un danger permanent pour les bateaux.
Autour de cet océan se trouvent de nombreuses îles dont la plus grande est le **Groenland**, recouvert de glace sur 3 000 mètres d'épaisseur.
Ces dures conditions n'interdisent pas la vie : ours blancs, pingouins, morses, phoques et baleines peuplent ces régions glacées où l'eau et la terre ne dégèlent jamais totalement. Les **esquimaux** y ont longtemps vécu de chasse et de pêche.

Le continent des glaces : l'Antarctique

Autour du pôle Sud s'étend un **continent** : l'Antarctique, baigné par les eaux des océans Pacifique, Indien et Atlantique. Ici règne le climat **le plus froid** du monde : des températures de − 92° ont été enregistrées par des expéditions scientifiques. Des **sommets élevés** émergent de l'épaisse couche de glace qui recouvre le continent : le mont Vinson culmine à 5 140 m. Balayé par des **vents très violents**, le continent est **désert** : seules les côtes et les îles voisines sont habitées par les manchots, les éléphants de mer, les phoques, les oiseaux, tandis que baleines et dauphins trouvent leur nourriture au large.

L'Erebus (4 023 m) est un volcan actif situé sur l'île de Ross.

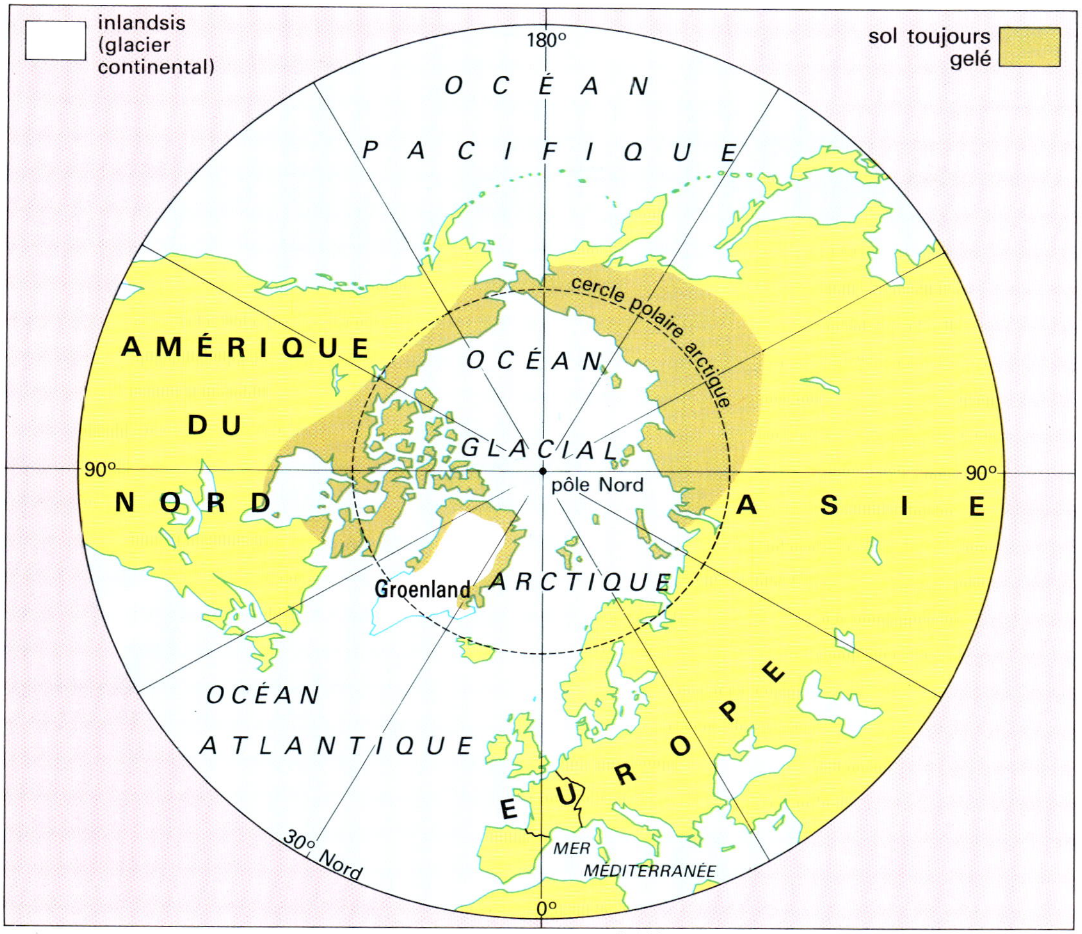

échelle commune 3 000 km

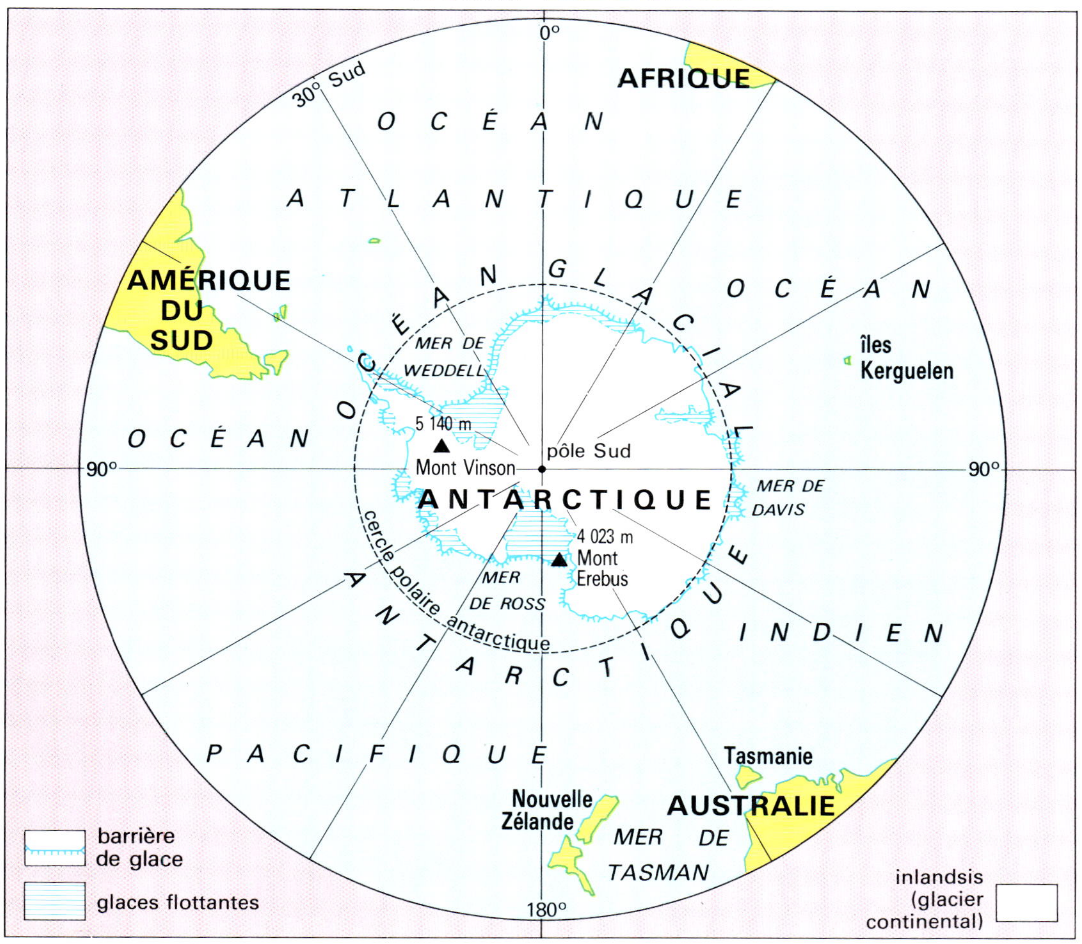

Index

Les chiffres renvoient aux pages de l'Atlas

A

B

C

D

E - F

G

H

I - J - K

L

M

N

O

P

Q - R

S

T

U - V

W - Y - Z

Références iconographiques :

p. 10 B. et J. Dupont/Explorer ; P. Tetrel/Explorer ; C. Delu/Explorer ; J.P. Ferrero/Explorer ; G. Boutin/Explorer ; p. 12 Ph. Roy/Explorer ; p. 13 H. Gloagen/Rapho ; J. Bénazet/Pix ; p. 14 P. Le Carré/AFIP ; B. Beaujard ; T. Schneiders/Zéfa ; T. Laird/Explorer ; p. 15 © G.T. Gabelli, Paris, brevet n° 7203146 ; p. 16 Krafft/Explorer ; J.P. Nacivet/Explorer ; J. Mason/Rapho ; Vulcain/Explorer ; p. 17 d.r. ; p. 21 D. Dorval/Explorer ; Pictor International ; p. 22 G. Gester ; L. Lalou/Explorer ; T. Spiegel/Rapho ; p. 28 C. Delu/Explorer ; J.L. Klein/Pix ; J.C. Meauxoone/Pix ; D. Philippe ; p. 29 © G.T. Gabelli, Paris, brevet n° 7203146 ; p. 30 J.D. Sudres/Scope ; Pictor International ; Yan/Rapho ; B. Beaujard ; p. 31 M. Brigaud/Sodel photothèque E.D.F. ; p. 34 Ciccione/Rapho ; J. Ducange/Agence Top ; Pictor International ; A. Nogues/Sygma ; p. 35 Barbaroux/A.A.A. photo ; Ch. Vaisse/Hoa-Qui ; p. 38 Ch. Cuny/Rapho ; A. Picou/A.A.A. photo ; Pictor International ; Pictor International ; p. 40 D.P.A./Explorer ; p. 41 J. Lang/Rapho ; p. 42 R. Volot/Explorer ; B. Gérard/Explorer ; B. Beaujard ; C. Rigal/Explorer ; p. 43 P. Thomas ; p. 44 Tass ; Air France ; p. 45 © G.T. Gabelli, Paris, brevet n° 7203146 ; p. 46 M. Huet/Hoa-Qui ; M. Huet/Hoa-Qui ; © G.T. Gabelli, Paris, brevet n° 7203146 ; p. 47 M. Huet/Hoa-Qui ; Arthus-Bertrand/Jacana ; p. 48 Photothèque Hachette ; p. 49 P. Tetrel/Explorer ; M. Huet/Hoa-Qui ; M. Renaudeau/Hoa-Qui ; CIRIC ; Ph. Boutin/Sipa Press ; p. 50 F. Mayer/Magnum ; Ch. Simonpietri/Sygma ; B. Grismayer/Pix ; p. 51 © G.T. Gabelli, Paris, brevet n° 7203146 ; p. 52 A. McKenzie/DIAF ; A. Noguès/SYGMA ; J.P. LAFFONT/SYGMA ; p. 54 © G.T. Gabelli, Paris, brevet n° 7203146 ; p. 55 J.E. PASQUIER/Rapho ; Pictor International ; M. Koene/Explorer ; Ph. Krafft/Explorer ; J. Tandel/A.A.A. photo ; L. McIntyre/Woodfin Camp and Associates ; p. 57 G. Gester/Rapho ; S. Saldago/Magnum ; p. 58 Spiegel/Rapho ; p. 59 © G.T. Gabelli, Paris, brevet n° 7203146 ; p. 60 B. Campbell/Magnum ; H. Tazieff

Imprimé en France par BRODARD GRAPHIQUE – Coulommiers-Paris HA/3990/2
Dépôt légal : n° 2098-1-1986 – Collection n° 31 – Édition n° 02

16/5402/9

drapeau — code international (NL)

S : superficie ; km² : kilomètre carré — ◆ capitale

P : population ; h. : habitants — ○ monnaie

KENYA (EAK)
S 582 646 km²
P 19 400 000 h.
◆ Nairobi
○ Shilling kenyan

KOWEIT (KWT)
S 17 818 km²
P 1 600 000 h.
◆ Koweit
○ Dinar

LAO (LAO)
S 236 800 km²
P 3 700 000 h.
◆ Vientiane
○ Kip

LESOTHO (LS)
S 30 355 km²
P 1 500 000 h.
◆ Maseru
○ Loti

LIBAN (RL)
S 10 400 km²
P 2 600 000 h.
◆ Beyrouth
○ Livre libanaise

LIBÉRIA (LB)
S 111 369 km²
P 2 200 000 h.
◆ Monrovia
○ Dollar

LIBYE (LAR)
S 1 759 540 km²
P 3 700 000 h.
◆ Tripoli et Benghazi
○ Dinar

LIECHTENSTEIN (FL)
S 157 km²
P 24 000 h.
◆ Vaduz
○ Franc suisse

LUXEMBOURG (L)
S 2 586 km²
P 366 000 h.
◆ Luxembourg
○ Franc lux.

MADAGASCAR (RM)
S 587 041 km²
P 9 800 000 h.
◆ Antananarivo
○ Franc malgache

MALAISIE (MAL)
S 329 749 km²
P 15 300 000 h.
◆ Kuala Lumpur
○ Ringitt

MALAWI (MW)
S 119 310 km²
P 6 900 000 h.
◆ Lilongwe
○ Kwacha

MALI (RMM)
S 1 240 000 km²
P 7 600 000 h.
◆ Bamako
○ Franc malien

MALTE (M)
S 316 km²
P 400 000 h.
◆ La Valette
○ Livre maltaise

MAROC (MA)
S 659 970 km²
P 23 600 000 h.
◆ Rabat
○ Dirham

MARTINIQUE (F)
S 1 102 km²
P 330 000 h.
◆ Fort-de-France
○ Franc

MAURICE (MS)
S 2 045 km²
P 1 000 000 h.
◆ Port-Louis
○ Roupie

MAURITANIE (RIM)
S 1 032 455 km²
P 1 800 000 h.
◆ Nouakchott
○ Ouguiya

MEXIQUE (MEX)
S 1 972 547 km²
P 77 700 000 h.
◆ Mexico
○ Peso

MONACO (MC)
S 1,5 km²
P 25 000 h.
◆ Monaco
○ Franc

MONGOLIE
S 1 565 000 km²
P 1 900 000 h.
◆ Oulan Bator
○ Tughrik

MOZAMBIQUE
S 783 030 km²
P 13 400 000 h.
◆ Maputo
○ Metical

NAMIBIE (ZA)
S 824 292 km²
P 1 100 000 h.
◆ Windhoek
○ Rand

NÉPAL
S 140 797 km²
P 16 600 000 h.
◆ Katmandou
○ Roupie népalaise

NICARAGUA (NIC)
S 130 000 km²
P 2 900 000 h.
◆ Managua
○ Cordoba

NIGER (RN)
S 1 267 000 km²
P 6 300 000 h.
◆ Niamey
○ Franc C.F.A.

NIGERIA (WAN)
S 923 768 km²
P 88 100 000 h.
◆ Lagos
○ Naira

NORVÈGE (N)
S 324 219 km²
P 4 100 000 h.
◆ Oslo
○ Krone

Nlle-CALÉDONIE (F)
S 19 058 km²
P 140 000 h.
◆ Nouméa
○ Franc du Pacifique

VANUATU (Nouvelles-Hébrides)
S 14 763 km²
P 113 000 h.
◆ Port-Vila
○ Vatu

Nlle-ZÉLANDE (NZ)
S 268 676 km²
P 3 200 000 h.
◆ Wellington
○ Dollar néo-zéland.

OMAN
S 212 457 km²
P 1 000 000 h.
◆ Mascate
○ Rial omanais

PAKISTAN (PAK)
S 803 943 km²
P 97 300 000 h.
◆ Islamabad
○ Roupie pakistan.

PANAMA (PA)
S 75 650 km²
P 2 100 000 h.
◆ Panama
○ Balboa

PAPOUASIE (PNG)
S 461 691 km²
P 3 000 000 h.
◆ Port Moresby
○ Kina

PARAGUAY (PY)
S 406 752 km²
P 3 600 000 h.
◆ Asuncion
○ Guarani

PAYS-BAS (NL)
S 33 938 km²
P 14 400 000 h.
◆ La Haye et Amsterdam
○ Florin

PÉROU (PE)
S 1 285 216 km²
P 19 200 000 h.
◆ Lima
○ Sol

PHILIPPINES (RP)
S 300 000 km²
P 54 500 000 h.
◆ Manille
○ Peso philippin

POLOGNE (PL)
S 312 677 km²
P 36 900 000 h.
◆ Varsovie
○ Zloty

POLYNÉSIE FRANÇAISE (F)
S 4 000 km²
P 200 000 h.
◆ Papeete
○ Franc du Pacifique

PORTO RICO
S 8 897 km²
P 3 300 000 h.
◆ San Juan
○ Dollar U.S.